HELMUT KUNTZ

GIB DEINER SEELE RAUM

fischer & gann

GIB DEINER SEELE RAUM

HELMUT KUNTZ

Heilsame Wege zur Selbstliebe
und inneren Ruhe

fischer & gann

Bibliografische Information der Deutschen Nationalbibliothek:
Die Deutsche Nationalbibliothek verzeichnet diese Publikation
in der Deutschen Nationalbibliografie; detaillierte bibliografische Daten
sind im Internet über http://dnb.d-nb.de abrufbar.

Umschlaggestaltung | Layout: Gesine Beran, Turin
Umschlagmotiv: shutterstock/Ammak
Gesamtherstellung | Druck:
Aumayer Druck + Verlag Ges.m.b.H. & Co KG, Munderfing
Printed in The European Union

ISBN 978-3-903072-46-6
ISBN E-Book 978-3-903072-52-7
www.fischerundgann.com

INHALT

DIR GEHT ES NIE VIEL ZU GUT!

»Humor ist, wenn man trotzdem lacht«, lautet eine bekannte Redewendung. Sie meint: Menschen, denen trotz ihrer ernsten Lage und obwohl sie der Hilfe bedürfen, das Lachen nicht abhanden gekommen ist, besitzen ein Talent. Vielen fehlt dieses Talent. Einige von ihnen stecken zwischen einem unerträglichen Leid, das ihnen das Leben beschert hat, und einem Neubeginn fest. Andere fühlen sich von einem Unglück nach dem anderen zerfressen. Sie sind von den Herausforderungen, die sie zu bewältigen haben, überfordert. Wieder andere sehen bloß noch grau und schwarz. Ihr Blick in die Welt nimmt kaum noch bunte, lebendige Farben wahr. Manchen scheint es zwar von außen betrachtet gut zu gehen, doch fühlen sie sich gelangweilt oder übersättigt. Hinzu kommen diejenigen, die pausenlos unter Dauerstrom und auf Standby stehen, so dass sie ihren überhöhten Stresspegel nicht mehr herunterfahren können. Es gibt viele Gründe, weshalb Menschen heutzutage keine Ruhe und keinen inneren Frieden mehr in sich spüren, sowohl auf der Persönlichkeits- wie auf der Seelenebene.

»Deine Seele nimmt die Farbe deiner Gedanken an«, wusste bereits Marc Aurel. Sind unsere Gedanken dunkel, ist es somit auch unsere Seele, sind sie bunt, hellt sie sich auf. Doch was meinen wir eigentlich, wenn wir auf diese Weise von einer Seele sprechen? Obgleich sie materiell nicht fassbar ist, bejahen nahezu alle Menschen unseres Kulturkreises die Frage, ob sie eine Seele besitzen. Für die einen sitzt sie im Bauch, andere setzen sie mit ihrem fühlenden Herz gleich oder sehen sie frei zwischen Körper und Geist schweben. Ganz gleich, wo wir sie verorten, wir alle spüren, dass wir Menschen mehr als nur Körper bzw. Materie sind. Das Immaterielle, das wir wahrnehmen, ist unvergänglich und überdauernd, jedoch nicht unveränderlich. Denn das, was wir Seele nennen, vollzieht eine eigene Entwicklung. Insofern erscheint es in gewisser Weise treffender, zu sagen, dass die Menschen Seelen sind, die einen Körper besitzen, als umgekehrt von Körpern, die eine Seele besitzen, zu reden.

Welche Farben die Seele eines Menschen annimmt, hängt in starkem Maße davon ab, wie er als Persönlichkeit lebt und mit welch geistiger und seelischer Nahrung er sich ernährt bzw. genährt wird. Als unbekömmliche Botschaft und »Schwarze Pädagogik« wirkte über viele Jahrzehnte der Erziehungsspruch: »Euch geht es ja viel zu gut!« Er wurde vielen Menschen dick ins Buch des Lebens geschrieben. Nachdem ich gelernt habe, mein Leben freundlicher zu gestalten, vermag ich diese Botschaft heutzutage mit innerem Frieden zu belächeln. Ich lege Ihnen auch eher die Freiheit des Gedankens nahe: Von etwas Gutem können Sie nie zu viel in Ihrem Leben haben, von Falschem und von Ballast auf Ihrer Seele jedoch sehr schnell viel zu viel.

Viel zu viele in unserer sich modern und zivilisiert gebenden Gesellschaft, Frauen wie Männer, Erwachsene wie Kinder und Jugendliche, haben zu wenig Gutes in ihrem Leben. Auf eine von ihnen selbst nicht durchschaute Art sind viele Menschen in der Bevölkerung unglücklich. Sie können keine direkte, unverfälschte Emotionalität mehr erleben. Wahrhaftigkeit bzw. Echtheit oder Authentizität weichen einem Modus des getriebenen Funktionierens. Zudem ist das einzelne Leben in einem derart hohen Grade medial durch- und überwuchert, dass Selbstbestimmung und Selbstregulierung aus der Hand gegeben werden. Den Menschen gelingt es zwar noch, ein Gefühl von innerer Leere zu beschreiben, auch eine Kälte und eine Art Dunkel in ihnen, sie können aber kaum genauer benennen, was ihnen fehlt, sie vermissen und sich wünschen.

Mein Ziel ist, es möge den Menschen gut gehen, so gut wie möglich. Deshalb zeigt dieses Buch Wege zur Aufhellung der Seele und Eigenliebe auf. Was dürfen Sie sich für ein gesteigertes körperliches, geistiges, psychisches und seelisches Wohlbefinden erwarten? Sicherlich keine magischen Wunder, aber Wegweiser, die zu heilsamen Orten führen.

Betrachten Sie das Buch in Anlehnung an Erich Kästners »Lyrische Hausapotheke«, die 1936 in der Schweiz erschien, als eine imaginative und meditative Arznei gegen die Krankheiten des modernen Zeitgeistes. Im Vorwort schreibt Erich Kästner: »Der vorliegende Band ist der Therapie des Privatlebens gewidmet.« Mit meiner Therapeutenseele kann ich mich den Worten des Dichters anschließen. Es geht auch mir um Ihr Privatleben, aber nicht im Sinne eines »Privatisierens« in ausschließlich privaten Räumen, sondern im Sinne Ihrer persönlichen Verbundenheit mit der Welt im Kleinen wie im Großen. Die Strophen des Humoristen Kästners richten sich, »zumeist in homöopathischer Dosierung, gegen die kleinen und großen Schwierigkeiten der Existenz« und dienen der »Behandlung des durchschnittlichen Innenlebens«. Kästners Bild der Hausapotheke gefällt mir derart gut, dass ich es noch weiter übernehme. Denn meine Gegenmittel gegen die kleinen und großen Schwierigkeiten der Existenz verabreiche ich Ihnen gleichfalls in eher homöopathischen Dosen, das heißt, ihre Wirkungen sind eher sanft und schleichen sich leise ein. Sie überwältigen Sie nicht wie manche weniger schonenden pharmazeutischen Produkte. Nichtsdestoweniger verfügen die Ihnen an die Hand gegebenen Heilmittel über ein enorm starkes Wirkungspotenzial.

Es ist sowohl tröstlich wie hoffnungsvoll, dass auch ein durchschnittliches Innenleben eine Behandlung erfahren darf. Daher ist der Verordnungsbereich der in meinem Rezeptbuch verschriebenen Arzneien ebenfalls zunächst einmal Ihr durchschnittliches Innenleben. Es braucht Ihnen also nicht besonders oder überdurchschnittlich schlecht zu gehen, um von den Rezepturen zu profitieren. Kästners mehrdeutig sinnige Worte legen sogar den Schluss nahe, dass gerade bei einem durchschnittlichen Innenleben eine Behandlung indiziert ist. Da in unseren modernen Zeiten das normale Leben schon mehr Belastendes einschließt, als uns lieb sein kann, fühlen wir uns oftmals nicht wirklich gut. Innerlich durchschnittlich gesund zu sein, bedeutet somit noch keineswegs, tatsächlich gesund zu sein. Es ist sicher besser als ein schlechtes, ungesundes oder krankes Seelenleben. Aber ist es ratsam und lebensklug, sich mit einem durchschnittlichen Innenleben mit blassen Farben zufrieden zu geben, wenn es mit relativ bescheidenem Aufwand möglich ist, sich heiler, lebendiger und freudiger durch den Alltag zu bewegen? Mein Vorhaben lautet daher: Jedem durchschnittlichen Innenleben ein wohligeres Lebensgefühl – und wenn schon Durchschnitt, dann wenigstens auf einer um etliche Stufen angehobenen Qualitätsebene!

Die Ihnen hier zur Eigentherapie angebotenen heilsamen Mittel und Wege bedienen allerdings nicht nur das durchschnittliche Innenleben. Über den Indikationsbereich von Kästners Hausapotheke hinaus werden auch Menschen fündig, die mit harten Prüfungen zu kämpfen haben, in schweren Lebenskrisen stecken oder ein schweres Leid bewältigen müssen. Als Therapeut wende ich viele der Methoden, sich das Leben heller, freundlicher und heiler zu gestalten, bei meinen Patientinnen und Klienten seit Jahren erfolgreich an. Mich überzeugen ihre heilsamen Wirkungen vor allem in der Behandlung von Suchterkrankten, von jungen Frauen mit selbstverletzendem Verhalten und von Menschen mit schweren seelischen bzw. psychischen Verletzungen. In meiner beruflichen Praxis habe ich ständig mit Belastungen und Leiden zu tun, die alles andere als ein durchschnittliches Innenleben für die Betroffenen mit sich bringen.

Ich verspreche weder meinen Klientinnen und Patienten noch den Teilnehmern an meinen Fortbildungen und Workshops Unerreichbares. Sie alle bekommen genau wie Sie hoch wirksame Methoden als Hilfe zur Selbsthilfe an die Hand. Allerdings sind die vermittelten imaginativen wie meditativen Verfahren und Techniken keine Allheilmittel. Sie ersetzen keine eventuell fälligen Arztbesuche oder wirklich gute, wirksame Psychotherapien – ganz gleich welcher Schule und Ausrichtung –, helfen aber sehr wohl bei den bereits genannten Symptomen. Mit ihnen ist es möglich, eine neue Ordnung ins eigene Leben zu bringen; achtsamer, selbstfürsorglicher, liebevoller und wertschätzender mit dem persönlichen Sein umzugehen; mit quälenden und Angst einflößenden körperlichen Leiden besser zurechtzukommen oder eine emotionale Korrektur bei versandenden, sich hinschleppenden, wenig bis gar nicht hilfreichen oder sogar retraumatisierenden Psychotherapien vorzunehmen.

Ich verordne Ihnen die potenziell heilsamen Mittel in zwei Teilen. Die Basismittel im ersten Teil dieses Rezeptbuches sind sozusagen die rezeptfreien, frei verkäuflichen. Um im Bild zu bleiben: Homöopathisch sind es die schwächeren Potenzen zur Regulierung einer feinen Grundstimmung. Im zweiten Teil des Buches biete ich Ihnen dann die höheren Potenzen, die eine besondere Verordnung und auch Anrede benötigen, an. Meine Anleitungen verwenden dann statt dem Sie das Du.

Ich mixe Ihnen kein Sammelsurium von x-fachen Rezepturen zusammen, sondern leite Sie Schritt für Schritt durch eine Abfolge empfohlener Mittel und Wege, die in einer eigenen inneren Logik stringent miteinander verknüpft sind. Die höheren Potenzen werden in aufsteigender Folge verabreicht, um ein hohes Plateau zu erreichen. Erst nach einem »Peak« reduziere ich die Dosis der Rezepturen wieder, bleibe aber merklich und anhaltend über einer durchschnittlichen Befindlichkeitsskala. Hat die Wirkung der Rezepturen bei Ihnen erst einmal eingesetzt und sich stabilisiert, werden Sie sich deutlich gesammelter und »reiner« fühlen.

Sie werden merken, dass ich die hoch potenten Grundrezepturen in einer gewissen Ähnlichkeit verabreiche. Manche Passagen aus den Beipackzetteln bringe ich Ihnen in den imaginativen und meditativen Anleitungen mit gewissen Wiederholungsschleifen nahe, damit sie nachdrücklich in die Seele einwandern können. Diese Vorgehensweise tut vielen Menschen gut. Es ist wie Schicht für Schicht eine belebende Salbe sanft aufzutragen oder sich Lage für Lage in eine weiche, schützende Decke einzuhüllen. Sollten Sie zu den Menschen gehören, die gewohnt sind, ständig zu eilen, mag Sie das zu Beginn stören. Nach einer Eingewöhnung werden Sie das Eilen mit Weile aber zu schätzen wissen.

Bei homöopathischen Arzneien wird selten auf Risiken und Nebenwirkungen aufmerksam gemacht. Sie sind zu gut verträglich. Bei den imaginativen und meditativen Mitteln dieses Buches könnte es eine paradoxe Nebenwirkung geben. Sie könnten plötzlich denken: »Es geht mir ja viel zu gut«!, und meinen, dass Sie sich zu frohgemut, zu ruhig, zu hell, zu friedlich usw. fühlen. Aber Sie erinnern sich: Von etwas Gutem können Sie nie zu viel spüren. Es kann Ihnen niemals zu gut gehen. Ich betone das derart, weil viele Menschen gar nicht zulassen können, dass es Ihnen gut geht. Sie denken, sobald sie positive Veränderungen erfahren: »Stopp! Es geht mir so gut. Das ist ja schon nicht mehr zum Aushalten. Was, wenn das morgen wieder aufhört? Wenn ich mich wieder schlecht fühle, ist es ja noch viel schlimmer als vorher!« In diesem paradoxen Sinn halten viele Männer wie Frauen lieber an einer eingeschränkten, durchschnittlichen oder sogar deutlich eingetrübten, aber lebenslang gewohnten Befindlichkeit fest, als zu riskieren, dass es ihnen in ihrem Leben dauerhaft besser gehen könnte. Lieber sich mit der vermeintlichen Sicherheit des Bekannten begnügen, als sich die Freiheit zu nehmen, ins große Unbekannte vorzustoßen. Sollten meine potenziell heilsamen Übungen aus dem imaginativen und meditativen Bereich bei Ihnen auf Resonanz stoßen, sollte etwas in

Ihnen klingen und schwingen wollen, können damit Risiken und Nebenwirkungen verbunden sein. Insgesamt aber wirken die Übungen sehr schonend auf Körper, Geist, Psyche und Seele.

Machen Sie sich frei von gewissen Einengungen, die bloße Worte mit sich bringen. Schreibe ich im Zusammenhang mit imaginativen und meditativen Übungen von Methoden, ist das ebenso ein Zugeständnis an Verstehbares wie an Handhabbares. Ganz zutreffend ist es nicht. Insbesondere die Ihnen im zweiten Teil des Buches angebotenen Mittel und Wege sind deutlich mehr als Methoden. Ihre Inhalte sind weder zu operationalisieren noch zu instrumentalisieren. Verstehen Sie sie besser als einen potenziell heilsamen Zugang, der Sie zurück zu Ihrer Mitte, zu Ihren Mitmenschen, zur Schöpfung sowie zu etwas führt, bei dem unser herkömmliches Denken an seine Grenzen stößt. So gesehen dürfen Sie sie auch als eine Einladung verstehen, die nicht von mir, sondern von etwas Größerem in Ihnen selbst stammt, das sich ausdrücken möchte.

Blanke Theorie finden Sie keine in »Gib deiner Seele Raum«. Wohl aber vermittelnde und erklärende Kapitel, damit Sie wissen, was Sie tun, wenn Sie den Zugängen bzw. Einladungen folgen. Auf diese Weise können Sie alle Übungen und Schritte einordnen und gutheißen, ja selbst verwerfen, sollte Ihnen danach sein. Mindestens zwei der vermittelnden Kapitel stecken zudem voller Überraschungen. Sie berühren das Ungedachte und Unausgesprochene.

Menschen, die Imaginationen anwenden möchten, fragen oft: »Wie soll ich das eigentlich machen? Funktioniert das so, dass ich die Übungen lese und gleichzeitig imaginiere? Soll ich sie mir besser von jemandem vorlesen lassen, um tiefer hineinzufinden? Oder kann ich sie mir selber vorsprechen, zum Beispiel auf dem Laptop?« Es ist in der Tat von Vorteil, den imaginativen Anleitungen in Ruhe folgen zu können, ohne sie selbst lesen zu müssen. Bislang halfen dabei Aufnahmen auf CDs. Doch deren Zeit neigt sich dem Ende zu. Für die wichtigsten Übungen in diesem Buch wurden daher als Lösung hochwertige Audiodateien zum Herunterladen gewählt. Ich freue mich, dass Sie so die Möglichkeit bekommen, jederzeit mühelos auf die geführten, potenziell heilsamen Imaginationen und Meditationen zugreifen zu können.

Sämtliche vertonten Übungen sind von mir gesprochen. Imaginative und meditative Verfahren wirken über ihre Inhalte, über die sie vermittelnde Stimme sowie über Kanäle, die über den Hörsinn hinausreichen. Es kommt weniger auf die technische Perfektion einer imaginativen Übung als auf ihren Geist an. Wenn ich meine Versionen von Imaginationen oder Meditationen selber spreche, können ich und Sie sicher sein, dass genau die innere Haltung sie durchzieht, die ich in diesem Buch zu vermitteln suche und mit der ich den Menschen in der Einzel- oder Gruppenarbeit begegne. Diese innere Haltung überträgt sich in jeder Übung auf den, der sie ausführt.

Kein Heilmittel habe ich für die Unzulänglichkeit der deutschen Sprache, Frauen und Männer gleichermaßen anzusprechen. Die neuerdings praktizierte Regelung der Leser_innen etc. halte ich für eine rein praktische, ohne jegliches Gespür für die Sprache. Ich werde im Text daher Schreibkompromisse eingehen. Im Vordergrund steht allerdings, dass sich der menschliche Teil von Ihnen, an den sich die Inhalte der Übungen vorwiegend richten, angesprochen fühlt.

Mein Dank gilt allen Frauen, Männern, Jungen und Mädchen, die im Laufe der Jahrzehnte meinen beruflichen Lebensweg gekreuzt haben. In vielen Fällen hat sich ihr Vertrauen ausgezahlt und wir wurden gemeinsam Zeugen, wie sich Veränderungsprozesse entfalten konnten. Heilsame Entwicklungen beeinflussen die Farben der Seele. In den letzten Jahren habe ich den Einsatz von imaginativen und meditativen Methoden, Mitteln und Wegen, wie ich sie Ihnen zum Eigengebrauch in meiner Hausapotheke an die Hand gebe, mit guten Gründen ausgeweitet. Einem in der Breite angewandten Grundrepertoire von Imaginationen habe ich weniger verbreitete Übungen hinzugefügt, die ihrereits als Verstärker wirken. Nicht eine einzige der Übungen möchte ich in meinem Leben missen, weder privat als Mensch noch beruflich als Therapeut, der anderen nach bestem Wissen und Gewissen helfen möchte.

Wie schnell eine dieser Übungen sowohl dem Bewusstsein wie dem seelischen Erleben eine neue Farbe geben kann, verdeutlicht das Beispiel einer Schulleiterin, die von ihren Minuten zuvor gemachten Erfahrungen in einer Fortbildungsgruppe Folgendes erzählt:

»Danke! Als du die Übung eben beschrieben hast, hatte ich erst Angst und dachte: ›Das kann ich nicht.‹ Ich werde bestimmt nichts sehen oder spüren, was die anderen brauchen, denen ich im Kreis meine Hände auf die Schultern lege. Aber dann war es ganz anders. Ich habe bei jedem in der Gruppe andere innere Bilder bekommen und genau gespürt, was ich ihm wünschen und über meine Hände vermitteln kann, damit es ihm besser gehen soll. Das war eine wunderbare Erfahrung für mich. Ich bin noch ganz froh und überrascht von mir selbst. Ich war überzeugt: ›Ich kann das nicht.‹ Und ich bin sehr berührt, was ich umgekehrt von den anderen bekommen habe.«

Die Augen der Schulleiterin leuchten, während sie uns von ihrer ganzheitlichen, sinnlich-seelischen Erfahrung berichtet. Ihre Körperhaltung ist aufrechter, ihre gesamte Erscheinung wirkt aufgehellt. Sie hat ihrem Selbstbild gerade neue, bislang nicht gekannte Qualitäten hinzugefügt, allerdings nicht im Sinne einer Stärkung ihrer Ego-Persönlichkeit, sondern in einem tieferen, liebevolleren Verständnis für ihr bislang unbekannte Seiten an ihr selbst.

SESAM
ÖFFNE DICH

Es existiert in Wort und Schrift eine schier überbordende Fülle an Texten und Vorlagen für geleitete Phantasiereisen, Entspannungsübungen, Imaginationen und Meditationen. Für jeden Geschmack und Bereich lässt sich etwas finden. Phantasiereisen und Imaginationen sind populär. Sie werden zum einen im rein privaten Bereich zur Entspannung oder zur Selbsterfahrung ebenso wie ganz gezielt zum Zweck einer versuchten Selbstheilung eingesetzt. Zum anderen werden sie in unterschiedlicher Qualität auf einem semi-professionellen, breit gefächerten Psychomarkt unterschiedlicher Richtungen angeboten. Nicht mehr wegzudenken sind sie in den Bereichen des professionellen ambulanten oder klinisch-stationären therapeutischen Behandelns und Heilens. Diesen Bereichen steht inzwischen ein reiches Repertoire von praktizierten Standardübungen zur Verfügung, vor allem aus dem Katathymen Bilderleben und der

Psychodynamisch Imaginativen Traumatherapie. Mit imaginativen Techniken wird auch im spirituellen Bereich viel gearbeitet.

»Spiritualität« ist in der Moderne mit ihrem vorwiegend materialistisch geprägten Welt- und Menschenbild ein Reizwort. Für Carl Gustav Jung ist das Spirituelle hingegen ein unauslöschlicher Bestandteil des kollektiven menschlichen Unbewussten samt seines Erbes. Niemand braucht zu erschrecken, wenn ich das Wort benutze. Denn ich verstehe unter spirituell nichts anderes als die Möglichkeit, die Welt in einem anderen Geist zu betrachten. Diesem Geist ist allerdings die Neigung zu Liebe, Mitgefühl und Güte eigen. Selbst bei der Vielfalt imaginativer Methoden und Verfahren, derer sich Esoterik und New Age bedienen, lässt sich die Spreu vom Weizen trennen. Mit der Qual der Wahl beginnt allerdings das Verwirrspiel. Auf YouTube können Sie sich durch ein unerschöpfliches Angebot von Phantasie- und Traumreisen, Affirmationen, Entspannungsübungen, Tranceinduktionen, Meditationen, Invokationen und Imaginationen klicken. In der Überfülle verliert man sich schnell orientierungslos. Deshalb ist es erleichternd, wenn die Angebote in einen erklärenden Kontext eingebettet sind, so dass alle Nutzer eine Idee davon bekommen, wozu sie dienen. Kein Mensch kann Tausende von Möglichkeiten überblicken, geschweige denn deren Wirkungspotenzial per Suchmaschine einschätzen. Sowohl viele im Netz frei zugängliche als auch im Netz nicht auffindbare imaginative oder meditative Techniken und Methoden bilden einen wahren »Sesam öffne dich«: eine Schatztruhe aus Silberlingen, funkelndem Gold und glitzernden Juwelen. Die Schwierigkeit besteht also einzig darin, die wahren Preziosen vom weniger wertvollen Geschmeide zuverlässig zu unterscheiden.

Da Phantasiereisen, geleitete Meditationen für Körper und Geist sowie imaginativ spirituelle Übungen so weit verbreitet sind, lassen sie sich nicht immer auf ihre Originalquellen zurückverfolgen. Gute Methoden als Potenzial für gute Arbeit lassen sich jedoch ohnehin niemals bloß kopieren. Deshalb ist es letztlich ein Charakteristikum zahlreicher Tagträume, geführter Phantasiereisen oder meditativer Imaginationsübungen, dass die Originalquellen und ursprünglichen Vorlagen immer wieder verändert werden, um sie eigenen Wünschen und Einsatzzwecken anzupassen oder sie in die Arbeit in einem helfenden Beruf zu integrieren. Ich verfahre nicht anders. Wo ich mir hilfreiche methodische Ansätze von Dritten zum Vorbild genommen habe, die sich teils ihrerseits wieder durch andere Quellen haben inspirieren lassen, habe ich sie den Erfordernissen meiner eigenen Arbeit, meinem Arbeitsethos sowie meinem auf Mitgefühl und Verbundenheit basierenden Welt- und Menschenbild angepasst. Meiner Ansicht nach wurden meditative und imaginative Übungen für einen nützlichen, kreativen Gebrauch geschaffen und daher in einen potenziell heilsamen Raum hineingestellt. Damit befürworte ich keinen unbedachten und nachlässigen Umgang mit dem Recht auf geistiges Eigentum, das in Zeiten des Internets wie zu keiner anderen Zeit zuvor gefährdet ist. Habe ich mich von anderen Menschen inspirieren lassen, gebe ich die jeweiligen Inspirationsquellen, soweit bekannt, an. Dabei habe ich keinerlei Berührungsängste und schaue über sämtliche Tellerränder.

Von folgenden Menschen habe ich mich im Laufe der Jahre inspirieren lassen: Luise Reddemann, Beate Steiner, Tilmann Moser, Carl Gustav Jung, Eckhart Tolle, Chögyam Trungpa, Sogyal Rinpoche, Matthieu Ricard, Thich Nath Hanh, Paramahansa Yogananda, Dalai Lama, Rudy Alexander Daniel, Reindjen

Anselmi, Teresa von Avila, Sascha Ansahl, Daskalos, Andrea Dinkel, Laurens Storms, Maya Storms, Andrea Mattich, Armin Mattich, Buddha, Jesus Christus.

Was ich Ihnen in diesem Buch an Phantasie- und Körperreisen wie imaginativen Übungen und Meditationen anbiete und ans Herz lege, habe ich alles ausgiebig erprobt und für gut und wirksam erachtet. Manche der Übungen praktiziere ich seit Jahren. Einige haben sich in ihrer Wirkung derart verselbständigt, dass sie ins seelische Gerüst fest eingebaut sind. Andere brauche ich nicht mehr in voller Länge durchzuführen. Ein einziger Gedanke reicht aus, damit sie mir ihre Wirkungen augenblicklich zur Verfügung stellen. Bestimmte Übungen schätze ich wegen ihres hohen heilsamen Potenzials besonders. Doch von nichts kommt nichts. Anwenden müssen Sie die hilfreichen und bisweilen sogar heilsamen Methoden immer noch selbst.

Die Wirkungen der imaginativen oder meditativen Übungen können vom Körper und Geist sowohl sanft wie heftig erlebt werden. Ich bevorzuge die sanfte Verabreichung und Reaktion. In der Regel berühren und aktivieren imaginative Methoden nicht mehr im Inneren eines Menschen, als er zum gegebenen Zeitpunkt verdauen und verarbeiten kann. Doch wirklich darüber bestimmen können wir nicht. Denn wir haben nicht willentlich in der Hand, was auf der Seelenebene geschieht. Bisweilen reagieren Menschen auf imaginative Bilder heftig. Doch selbst dann geschieht nichts Schlimmes. Schlimmes ist längst vorher im Leben geschehen. Entscheidet eine innere Weisheit, dass es für den Betroffenen heftig wird, bedarf es der einordnenden, Halt gebenden Unterstützung durch kompetente Begleitung von außen. Im Anschluss kehren durch Verdauung und Integration wieder innere Beruhigung und Sanftheit ein.

Es ist heutzutage schon fast zur reflexartigen Gewohnheit geworden, »Google« zu befragen. Tun Sie sich selbst den Gefallen und starten Sie an dieser Stelle keine Reise durch Namen und eventuelle Homepages im Internet. Sie würden dabei zwar auf unendliche Schätze, aber auch auf Merkwürdigkeiten stoßen. Versuchen Sie sich erst einmal an den Ihnen hier angebotenen Innenreisen und Übungen und streifen Sie dabei durch sicheres Terrain. Später können Sie immer noch durchs Netz surfen, um sich auf Homepages umzuschauen. Inspiration heißt außerdem nicht Identifikation und therapeutisches, imaginatives wie meditatives Arbeiten beinhaltet kreative Prozesse. Folglich verändere ich, wandle ab, lasse aus, füge hinzu, schöpfe neu. Bei allem, was ich tue, habe ich immer die Alltagstauglichkeit meiner Methoden sowie deren Nutzen für die Menschen im Auge.

DAS FUNDAMENT LEGEN:

BASIS-IMAGINATIONEN ZUR VERWURZELUNG UND BODENHAFTUNG

Nun lade ich Sie ein, mit ausgewählten imaginativen Übungen einen heilsamen Weg zu sich selbst anzutreten. Auf diesem Weg ermuntere ich Sie, weniger angestrengt zu denken, dafür aber schärfer zu sehen, feiner zu fühlen und stärker zu spüren.

JEDEN TAG MIT DEM MORGEN BEGRÜSSEN

Wir alle tragen die Verantwortung für unsere inneren Befindlichkeiten und sollten bedenken, dass alle Zeit unsere Zeit ist.

Bisweilen wachen wir morgens auf und sind freudig gestimmt, so dass wir erwartungsfroh in den Tag starten können. Wir sprudeln vor Lebenskraft und Energie. An anderen Tagen mögen wir kaum die Augen aufschlagen, fühlen uns kraftlos, übellaunig und missmutig. Den vor uns liegenden Tag empfinden wir als einzige Last. Es macht enorme Unterschiede, wie wir in die uns geschenkten Lebenstage hineingehen. Insofern ist jeder neue Tag eine Gelegenheit, uns bewusst darin zu üben, Einfluss auf unsere Stimmungen zu nehmen. Nutzen Sie die Chance, sich offen, achtsam und mit sich selbst mitfühlend auf den kommenden Tag einzustimmen. Das können Sie noch während der Aufwachphase im Bett tun. Angesichts der Tatsache, dass die meisten Menschen es schon morgens eilig haben, werden Sie sich mit hoher Wahrscheinlichkeit dazu nicht die Zeit gönnen. Kein Problem, bietet sich Ihnen doch während Ihrer morgendlichen Toilette im Badezimmer auf jeden Fall die Gelegenheit, ihr Tagewerk bewusst und wach anzugehen. Beim Waschen, Zähneputzen, Rasieren oder Schminken können Sie sich selbst begrüßen und in eine gute Stimmung bringen. Diese kleine Basisübung 1 mit großer Wirkung geht denkbar einfach.

Übung

1

Eine kleine Morgenübung

Stellen Sie sich vor, es ist früher Morgen. Ein neuer Tag ruft. Sie sind gerade aus dem Bett aufgestanden und treten den morgendlichen Weg in Ihr Bad an. Stellen Sie sich aufrecht vor den Spiegel im Bad und schauen Sie sich selbst in die Augen. Blicken Sie tief hinein in Ihre gespiegelten Augen und begrüßen Sie sich freundlich, wohlwollend, liebevoll. Lächeln Sie sich einen Augenblick lang zu. Verziehen sich Ihre Mundwinkel zu einem Willkommenslächeln, ist das eine völlig anders gelagerte Botschaft an Leib und Seele, als wenn Sie mäkelnd vor dem Spiegel stehen und ungnädig mit sich selbst denken: »Wie siehst du denn heute Morgen wieder aus? Unterirdisch! Ungenießbar!«

Heißen Sie sich mit einem absichtsvollen Morgenlächeln selbst willkommen. Das sind Sie sich wert.

SICH MIT DEM EIGENEN VORNAMEN ANFREUNDEN

Die Übungen dieses Kapitels eröffnen Ihnen einen neuen Zugang zu Ihrem Vornamen und führen zugleich zu einem achtsameren Umgang mit sich selbst.

Übung

2

Die Kraft des Vornamens | Teil 1

Begrüßen Sie sich außer mit einem wohlwollenden, liebevollen Blick und einem Lächeln zudem mit Ihrem eigenen Namen: »Guten Morgen, liebe Anne«, »lieber Helmut«, oder wie immer Ihr Vorname lautet. Sie erhöhen die Wirksamkeit des eigenen Willkommenheißens spürbar, wenn Sie Ihren Namen nicht bloß in Gedanken aussprechen, sondern tatsächlich hörbar für Ihre beiden Ohren. Die möglichst in einem freundlichen, gütig mitfühlenden Ton ausgesprochene, deutlich vernehmbare Botschaft ist für Ihr Selbstbewusstsein eine eindrücklichere Geste als eine bloß still gedachte Begrüßung. Je liebevoller Sie Ihren eigenen Vornamen aussprechen, desto tiefer reicht die Annahme und Würdigung Ihrer eigenen Person. Was Sie auf diese Weise stärken, ist nicht ihr Ego, sondern die Person, die Sie als leiblich-seelisch verkörpertes Wesen sind .

»Wofür soll diese kleine Morgenübung gut sein? Was soll sie mir bringen? Ist es nicht lächerlich, sich mit dem eigenem Vornamen zu begrüßen?« – Falls sich Ihnen solch skeptische Fragen aufdrängen, rate ich Ihnen, sich genauer mit Ihrem Vornamen zu beschäftigen und die Wirkung, die ihm innewohnt, einmal zu überprüfen. Hierfür empfehle ich die Übung 3.

Übung

3

Die Kraft des Vornamens | Teil 2

Stellen Sie sich zur Überprüfung einmal vor, Sie hören innerlich Ihren Vornamen rufen. Wie hört sich das für Sie an? Wen hören Sie da als innere Stimme vorzugsweise rufen? Ruft es sanft, liebevoll, zärtlich, sehnsüchtig, bestätigend, gütig, wohlwollend, mitfühlend? Oder tönt es eher laut, erschreckend, ermahnend, vorwurfsvoll, beschämend, beschuldigend, kommandierend, kritisierend, warnend, entwertend, böse, gehässig oder sogar hasserfüllt?

An unseren Vornamen haben wir uns ein Leben lang gewöhnt. Wir sind mit ihm aufgewachsen. Wir existieren unserem Namen nach. Er ist zu einem Bestandteil unserer Identität geworden, unabhängig davon, wie sehr wir unseren Namen schätzen, ob wir ihm distanziert gegenüberstehen oder ihn sogar innerlich ablehnen. Er enthält in seinen Buchstaben wie seinem Klang unser gesamtes Leben. Wir sollten die Vornamen der Menschen folglich schätzen.

Danach befragt, wie ihr Vorname klingt, hören viele der befragten Männer, Frauen und Kinder im Inneren ein kritisches, nörgelndes, mahnendes, lautes Rufen. Ein zärtliches, liebevolles, würdigendes oder gütig mitfühlendes Aussprechen ihres Vornamens haben offensichtlich nur sehr wenige Menschen in ihrem Gedächtnis gespeichert. Das liegt nicht bloß daran, dass die kritischen Stimmen die liebevollen in der Erinnerung mit Leichtigkeit überstimmen, sondern auch daran, dass wir unseren Vornamen überhaupt nur selten ausgesprochen hören. Falls es doch einmal geschehen sollte, überwiegen tatsächlich die Gelegenheiten, in denen wir gerufen oder kritisch bzw. entwertend angesprochen werden.

Mit der Ermunterung, den eigenen Vornamen sanft, liebevoll und so mitfühlend als möglich auszusprechen, tun sich die meisten Menschen zu Anfang selbst dann hörbar schwer, wenn Ihnen die Idee gefällt. Oft vermischen sich bei den ersten Versuchen die eigenen bewussten Anstrengungen mit den unwillkürlich ins Gedächtnis drängenden Stimmen aus früheren Zeiten. Die Begrüßung klingt somit alles andere als gütig und wohlwollend. Viele meinen, innerlich sehr genau zu hören, wie ihr Name klingen sollte, bringen ihn zur eigenen Verwunderung jedoch nicht diesem Klang entsprechend über die Lippen. Erst nach mehrfacher Wiederholung gelingt es ihnen, ihren eigenen Vornamen mit wachsenden Anteilen von Zuneigung auszusprechen. Führt die wachsende Zuneigung Schritt für Schritt zur liebevollen Annahme der eigenen Person, ist das ein sehr versöhnlicher Akt und bewegender Augenblick.

Wie Sie sehen, ist Ihr Vorname weit mehr als nur Ihr Name. Deshalb ist es sinnvoll, in Übung 4 noch einen Schritt weiter zu gehen.

Übung

4

Die Kraft des Vornamens | Teil 3

Begrüßen Sie sich mit Ihrem Vornamen so liebevoll, wie Sie es von Ihrem angestammten Geburtsrecht her wert sind. Singen Sie sich sogar Ihr eigenes Namenslied. Und winken Sie sich vor dem Spiegel durchaus auch einmal selber zu. Wahrscheinlich kommen Sie sich als erwachsener Mensch dabei zu Anfang albern vor. Doch sind Sie ja im Badezimmer mit sich allein. Es schaut Ihnen niemand zu. Falls Ihnen das Summen oder Singen Ihres Namens oder das Zuwinken schwerfällt, üben Sie sich geduldig weiter darin. Üben Sie sich in Selbstannahme und Selbstliebe und bleiben Sie dabei, sich morgens mit Ihrem eigenen Namen willkommen zu heißen. Tun Sie dies so freudig und mitfühlend mit sich selbst wie möglich. Die kleine Übung wird ihre Wirkung nicht verfehlen.

Und noch ein wichtiger Hinweis: Vermeiden Sie, sich aus jahrzehntelanger Gewohnheit eine Falle der Unachtsamkeit zu stellen. Singen Sie sich das Lied Ihres eigentlichen Vornamens. Stimmen Sie nicht in eine Verkürzung, Verniedlichung oder vermeintliche Koseform Ihres Namens

ein, selbst wenn Sie das ein Leben lang so kennen. Reden Sie sich also nicht mit Bärbel anstelle von Barbara an, nicht mit Conny anstelle von Cornelia, mit Lizzy anstelle von Elisabeth, mit Manni anstelle von Manfred, mit Wolfi anstelle von Wolfgang, mit Kläuschen anstelle von Klaus usw. Sie würden sonst unwillentlich dazu beitragen, sich kleiner zu machen, als Sie sind. Spitznamen oder Kosenamen behindern Sie darin, wirklich in Ihrem Erwachsensein im besten Sinne anzukommen. Falls Ihnen das auf den ersten Blick nicht einleuchtet, experimentieren Sie mit Ihren Namensvarianten beim Aussprechen und Singen Ihres Namensliedes. So wird der Unterschied erfahrbar.

Ich kenne mittlerweile genügend Frauen wie Männer, die aufgrund der Übung bei den ihnen nahestehenden Menschen darauf bestanden haben, mit ihrem vollen Vornamen angesprochen zu werden und für die diese vermeintlich kleine Umstellung große Auswirkungen auf ihr Leben hatte.

Wenn Sie schon dabei sind, nutzen Sie auch die Chance, alle weiteren mit Ihrem Vornamen verbundenen Botschaften zu hinterfragen und zu verstehen. Wer nicht gerade Familienforschung betreibt, hat sich vermutlich noch nie gefragt, welchen Namen er eigentlich trägt. Weshalb haben Ihre Eltern Ihnen ausgerechnet diesen Vornamen gegeben? War er gerade in Mode? Oder haben sie sich bedeutend mehr dabei gedacht? Haben Ihren Vornamen in der erweiterten Familie schon andere Menschen vor Ihnen getragen? Falls ja, wer waren oder sind diese? Was ist aus Ihnen geworden? Wurde Ihnen Ihr Name im Gedanken an einen anderen Menschen gegeben? Sind Sie dann so etwas wie eine lebende Gedenkkerze? Beinhaltet Ihr Vorname eine Würdigung, einen unausgesprochenen Auftrag, eine Hoffnung oder eine Bürde und Last? Welches familiäre Erbe ist mit ihm verbunden? Tragen Sie vielleicht einen mythischen oder biblischen Namen? Wenn ja, was bedeutet das für Ihr Leben? Weshalb mögen Sie Ihren Vornamen unter Umständen so wenig leiden, stehen gar mit ihm auf Kriegsfuß? Finden Sie es schon, seit Sie denken können, befremdlich, wie Sie heißen? Haben Sie das Gefühl, dass Ihr Name so gar nicht zu Ihnen passt? Wer sich all diese Fragen bislang nicht gestellt hat, trägt womöglich einen Auftrag oder eine Bürde durch sein Leben, ohne dass ihm dies bewusst ist. Falls Ihnen die Geschichte Ihres Vornamens nicht bekannt ist, ermuntere ich Sie daher dringend, nachzuforschen, ob eine Botschaft mit ihm verknüpft sein könnte, von der Sie bislang nichts ahnen. Durch Namensklärung lösen sich bisweilen wie durch Zauberhand unerklärliche Sorgen, Ängste, Bürden oder Fremdheitsgefühle auf.

Die Übungen zur morgendlichen Begrüßung und zum eigenen Namen beinhalten, wie sich in der Praxis gezeigt hat, ungeahnt viele Chancen und Facetten. Wer sie sich zu eigen gemacht hat, stellt fest: »Das hat mich ganz tief innen erreicht. Jetzt bin ich endlich voll und ganz mit meinem Namen versöhnt und froh darüber. Das hat so vieles für mich ver-ändert.«

Um an diesen Punkt zu gelangen, müssen Sie die Übung jedoch eine ganze Weile praktizieren. Da Sie das während Ihrer Morgentoilette kaum eine Sekunde zusätzliche Zeit kostet, sollte Zeit, die nicht vorhanden ist, nicht das Problem sein und Ihnen als Ausrede dienen. Sobald Ihnen Sinn und Zweck des Sich-Anfreundens mit Ihrem Namen in Fleisch und Blut übergegangen sind, tritt die Regelmäßigkeit des Praktizierens in den Hintergrund. Dann brauchen Sie sich nur noch gelegentlich aus purer Freude dieser schönen Übung zu erinnern, die Ihnen automatisch ein Lächeln ins Gesicht rufen wird.

Ich habe die Übung entdeckt, als ich bereits mit vielen therapeutischen Wassern gewaschen war. Sie kam mir in den Sinn, als ich mich verstärkt mit dem Welt- und Menschenbild im Buddhismus befasste und im Zusammenhang mit den Phänomenen der Leere und Selbstlosigkeit an der Weisheit hängenblieb: »Wir existieren dem Namen nach.« Ich erinnere mich gut daran, wie ich mich zu Anfang mit der Übung gefühlt habe, wie sie langfristig ihre Wirkungen entfaltet hat, weshalb ich sie heutzutage immer mal wieder mit Freude anwende und sie zu einer meiner Lieblingsübungen im kleinen ABC der Achtsamkeit geworden ist. Ich lege Sie Ihnen wie so vielen Menschen, denen ich privat wie beruflich begegnet bin, eindrücklich ans Herz. Sie können es sich nicht bewusst genug machen: »Ich existiere meinem Namen nach!«

IHRE INNEREN BOYKOTTEURE

Anhand der soeben vorgestellten Namensübung möchte ich Ihnen für alle weiteren Meditationen und Imaginationen die Chancen sowie die Risiken und Nebenwirkungen verdeutlichen. Das größte Risiko lauert in Ihnen selbst, bewusst oder gut verborgen und getarnt.

Sie haben die Namensübung gelesen, vielleicht bereits ein erstes Mal ausprobiert und werden sich fragen, inwieweit eine solch kleine Übung tatsächlich etwas in Ihrem Leben zu verändern vermag. Niemand von uns kann einfach innerlich einen Hebel umlegen und erwarten, dass das Leben von nun an völlig anders aussieht. Was uns die Lebensfreude schmälert, uns auf den Schultern lastet, als Schatten auf der Seele liegt, im Herzen bedrückt, Kummer und Sorgen bereitet, was wir als Bürde durch unser Leben tragen, ist in der Regel über viele Jahre oder sogar Jahrzehnte unseres Lebens gewachsen und hat sich längst verfestigt. Das können wir nicht einfach mal soeben abschalten.

Möchten wir uns von einer Last befreien oder von einem Leiden erlöst sehen, ist unsere eigene Kooperation gefragt. Es heißt zwar, dass es Wunder immer wieder gibt, aber für normale Menschen mit durchschnittlichem Innenleben ist jede Art von Veränderungsprozess, Psychotherapie oder Seelenarbeit mit eigener Anstrengung verbunden. Kein charismatischer Therapeut und keine hellfühlige Heilerin können Ihnen die Arbeit abnehmen. Sie allein gehen Ihren Lebensweg, wo immer er Sie hinführen mag. Möchten Sie in Ihrem Leben etwas verändern, geht das nicht ohne Ihre aktive Beteiligung. Ihr Wunsch zur Selbsthilfe ist der erste Schritt am Anfang eines langen Veränderungsweges, selbst wenn Sie sich von Beginn an kompetente Unterstützung suchen. Zur Selbsthilfe oder sogar Selbstheilung verfügen Sie über eine wunderbare naturgegebene Kraft: Ihre Vorstellung. Vorstellungskraft ist Zauberkraft. Da wir Zauberkräfte in kindlicher Erinnerung gerne mit der Magie von Zirkuswelten oder Varietébühnen in Verbindung bringen, könnte uns die nötige Ernsthaftigkeit fehlen. Ich präzisiere deshalb: Unsere menschliche Vorstellungskraft ist eine unversiegbare Quelle der Heilkraft mit einer gänzlich eigenen Heilungsqualität. So nährt sie letztlich die Lebenskraft als solche. Sie kann zwar im konkreten Einzelfall keine fachlich notwendige psychotherapeutische oder medizinische Behandlung ersetzen. Aber die eigene Vorstellungskraft als Ressource für Selbstheilung oder für einen heilsamen Lebensweg nicht zu nutzen, wäre als eine unterlassene Hilfeleistung sich selbst gegenüber anzusehen.

Damit hilfreiche und sogar ausgesprochen mächtige Übungen, die sich Ihrer Vorstellungskraft bedienen, ihre Wirkung zu entfalten vermögen, ist Beharrlichkeit nötig. Praktizieren Sie eine Übung erst gar nicht, zu selten oder falsch, kann sie nicht wirken. Bei den meisten imaginativen oder spirituellen Übungen bedeutet ein Praktizieren nicht, sie mal so nebenbei auszuprobieren, um sie nach zwei, drei Mal schon wieder enttäuscht nach dem Motto aufzugeben: »Das hat ja eh nichts gebracht.« Geduld, Hoffnung, Vertrauen und Glauben zahlen sich aus: Erst wenn Sie die Übungen über den nötigen Zeitraum hinweg regelmäßig genug wiederholen, können sich ihre sanften Wirkungen in Ihr Denken und Ihre Psyche einschleichen. Damit unterstützen Sie Ihre Seele aktiv, so dass sie andere Farben annehmen kann.

Im kritischen Moment, der zur Veränderung führt, sehen allerdings auch Ihre inneren Boykotteure ihre Chance zum trickreichen Angriff. Machen wir uns über imaginative Übungen oder psychotherapeutische Verfahren daran, uns seelisch umzustimmen, werden innere Stimmen bzw. Persönlichkeitsanteile – in der Fachsprache »Schemata« oder »Ego-States« genannt – aktiviert, die unsere Veränderung zu verhindern suchen. Die Boykotteure setzen all ihre Macht ein, damit sie ihre Funktion in Ihrem psychischen Apparat nicht verlieren. Wenn Sie Ihre eigenen Boykotteure erstmalig in Ihrem Leben als deutlich einschränkend erleben und sie in ihrer Rolle identifizieren, kommen Sie bitte nicht auf den naheliegenden Gedanken, Sie könnten sie aus Ihrem Inneren herauswerfen, um sie damit ein für alle Mal los zu sein. So funktioniert es nämlich nicht. Alle Eigenschaften oder Teile, die wir an uns selbst nicht leiden mögen und deshalb in uns selbst bekämpfen, machen wir dadurch nur stärker. Anders verhält es sich, wenn wir unsere inneren Boykotteure benennen können und in ihrer Funktion verstehen und anerkennen. Denn dann ist es uns möglich, ihre Rolle für unser psychisches Funktionieren sanft umzuwandeln. Sie sind aufgrund unseres Einblickes und Verständnisses nicht selten gewillt, uns ihre bislang von uns negativ erlebten Energien als konstruktive Kräfte zur Verfügung zu stellen. Transformation ist also der Fortschritt und die Lösung, nicht das Bekämpfen von Ungeliebtem. Damit die inneren Umwandlungsprozesse gelingen können, brauchen wir dafür geeignete Werkzeuge. In imaginativen Übungen und Techniken finden wir sie, sofern wir uns nicht davon abhalten lassen, uns ihrer zu bedienen.

Machen Sie mit der Morgen- und Namensübung erste Gehversuche oder hoffnungsfrohe Schritte auf Ihrem persönlichen Veränderungsweg, halten Sie Augen und Ohren offen.

Ihre diversen Boykotteure werden Ihnen sehr schnell eingeben wollen: »Das ist doch albern«, »Guck doch mal, wie du dabei aussiehst«, »Du glaubst doch selbst nicht, dass so eine kleine Übung irgendetwas bewirken kann«, »Das kannst du auch morgen noch wieder machen. Jetzt ist keine Zeit. Du hast es eilig und bist schon spät dran«, »Vergiss doch den Unsinn«, »Jetzt hast du das doch schon zwei Wochen probiert und es ist kaum was passiert«, »Glaubst du wirklich, das wäre so einfach?«

Viele Menschen, die bestimmte, grundsätzlich wirksame imaginative Methoden ausprobieren, geben sie nach ein paar Tagen wieder aus der Hand. Sie haben sie vergessen, keine Lust, sich ihrer zu bedienen, nehmen sich nicht die Zeit, haben den Glauben und das Vertrauen fahren lassen, über diesen Weg Veränderungen zu erreichen. Ihre inneren Boykotteure lachen sich ins Fäustchen und lehnen sich beruhigt und zufrieden triumphierend zurück. Mission erfolgreich erledigt. Wer nach ein paar Tagen oder zwei Wochen enttäuscht aufgibt, beraubt sich einer großen Chance.

Wenn es uns nicht gut geht, wünschen wir uns eine möglichst schnelle Veränderung, am besten von jetzt auf gleich. Eine eigene Verantwortung und die aktive Mitwirkung sind uns lästig. Das ist menschlich verständlich, aber nicht dienlich. Schrauben wir Heilserwartungen und -sehnsüchte in den Himmel, ist die Enttäuschung vorprogrammiert. Die wirklich guten, hilfreichen imaginativen Übungen, die sich unserer Vorstellungskraft bedienen, entfalten ihre überdauernden Wirkungen, die unsere psychische Struktur umorganisieren, indem sie sich sanft und langsam einschleichen. Dieser Prozess verlangt Zeit, die Sie sich selbst gestatten müssen. Nur in seltenen, besonderen Fällen wird Menschen das Glück eines unmittelbaren Transformationsschrittes gegönnt, vor allem bei der Verwendung von Licht-Imaginationsübungen.

Sie haben es also mit in Ihrer Hand, ob Sie mit der Hilfe Ihrer Vorstellungskraft auf einem eigenen Veränderungsweg suchend voranschreiten oder nach den ersten Schritten stocken und stehen bleiben. Das, was ich hier beispielhaft an der »Namensübung« beschreibe, gilt uneingeschränkt für alle imaginativen Phantasie- und Vorstellungsübungen. Es gilt auch: Je mächtiger vom Veränderungspotenzial her die eingesetzte Übung, desto energischer der anfänglich mobilisierte Widerstand Ihrer Boykotteure. Nehmen Sie diese mit ins Boot, hält Ihr Schiff Kurs.

LEBENSBÜRDEN ABLEGEN

»Welche Erleichterung für den von seiner Bürde gebeugten Menschen, der die lange Wegstrecke durch die Welt des Leids zurückgelegt hat, seine unnütze schwere Last endlich abzulegen.«

Buddhistische Weisheit von Longchen Rabjam

Bei der folgenden Imagination handelt es sich um eine Phantasiereise, die das Ablegen von Lebensbürden erleichtert. Sie kann sich für Sie als ein großer Sprung in eine neue Qualität von innerer Freiheit erweisen. Der Phantasiereise liegt die diesem Kapitel vorangestellte buddhistische Weisheit zugrunde. Sie ist mir eine der liebsten Phantasiereisen überhaupt. Ich zähle sie in einer Zeit gesellschaftlicher Kälte, wie es die unsrige ist, zu den grundlegenden Überlebensübungen. Denn sie fördert sowohl eine mitfühlende Selbstkultur als auch eine Lebenskunst der seelischen Balance. Ihre entscheidende Ermutigung lautet: Erlauben Sie sich aus Barmherzigkeit für sich selbst mehr innere Freiheit. Trauen Sie sich etwas! Sortieren Sie, was Sie täglich mit sich führen, und legen Sie überflüssiges Gepäck ab!

Übung

5

Eine Phantasiereise zur Erleichterung des Lebens

Setzen Sie sich an einen ruhigen Ort und schließen Sie die Augen. Falls es Ihnen nicht möglich ist, die Augen zu schließen, fixieren Sie einen Punkt auf dem Boden, etwa einen Meter vor Ihren Füßen. Nehmen Sie eine bequeme Haltung ein. Spüren Sie, wo Ihr Körper Kontakt zum Sitz, zur Lehne oder zum Boden hat. Achten Sie auf Ihre Atmung und nehmen Sie sorgsam wahr, ob Sie mehr in die Brust oder mehr in den Bauch hinein atmen. Nehmen Sie einige Atemzüge lang wahr, wie Sie atmen, dass Sie atmen und dass Ihr Atem kommt und wieder geht, ohne dass Sie willentlich etwas dafür tun müssen ... Machen Sie sich einen Augenblick bewusst, dass das Atmen in Ihrem Leben etwas ist, wofür Sie sich normalerweise nicht anstrengen müssen. Ihr Atem kommt und geht von alleine, leicht und fließend. Es gibt da in Ihrem Leben also zumindest einen Bereich, der ganz ohne Anstrengung funktioniert. Machen Sie sich das noch einmal ausdrücklich bewusst. Und wenn Sie mögen, vertiefen Sie Ihre Atmung ein wenig ... Bringen Sie außerdem Ihre Atmung in Ordnung, indem Sie Ihren Atem ab jetzt gezielt in den Bauch hinein lenken, so dass sich Ihre Bauchdecke beim Ein- und Ausatmen spürbar hebt und senkt. Nur Ihre Bauchatmung zählt. Derart ruhig weiter ein- und ausatmend, bereiten Sie sich innerlich darauf vor, auf eine lange innere Wanderschaft zu gehen.

Stellen Sie sich nun vor, Sie sind tatsächlich auf einer langen Wanderschaft und Sie tragen dabei eine Menge schweres Gepäck mit sich. Sie sehen Ihr gesamtes Gepäck vor sich ... Im langen Verlaufe Ihrer bisherigen Wanderschaft sind Sie durch viele verschiedene Gegenden gekommen. Sie sind bei strahlendem Sonnenschein unter blauem Himmel und in seidiger Luft über sanfte Wiesen und Hügel gegangen ..., Sie haben weite, herrliche

Blicke genossen und manche Brücke über Bäche und Flüsse überquert ... Bei widrigem Wetter sind Sie durch Einöden marschiert und hätten sich im Dunkel oder in unwegsamen Gelände des Öfteren fast verloren ... Manchmal glaubten Sie vor Kälte und Frost fast zu erfrieren ... Oft hatten Sie an Ihrem vielen Gepäck ungemein schwer zu tragen. Sie haben steinige, steile Wege die Berge hinauf erklommen, enge Täler durchwandert und sich dabei auch durch so manche Engstellen gewunden, die Sie mit ihrem Gepäck überhaupt nur mit größter Mühe überwinden konnten.

An einem Punkt Ihrer Wanderschaft gelangen Sie nach beschwerlichem Anstieg schließlich auf ein Hochplateau. Wie bei Hochplateaus üblich, ist es dort weit und flach. Sie atmen durch und verschnaufen, denn Sie müssen nicht mehr weiter steigen. Und so beschließen Sie eine Rast einzulegen und schauen sich nach einer Stelle um, wo Sie Ihr ganzes Gepäck sicher ablegen und deponieren können. Stück für Stück legen Sie es ab und befreien sich von seiner drückenden Last ... Dabei stellt sich ein Gefühl ein, das Sie schon lange nicht mehr kannten. Ohne das Gewicht Ihres schweren Gepäcks fühlen Sie plötzlich eine ungewohnte Leichtigkeit. Am liebsten möchten Sie vor lauter Leichtigkeit innerlich jubeln und tanzen. Denn so unbeschwert haben Sie sich schon ewig nicht mehr gefühlt. Sie genießen diese Unbeschwertheit in vollen Zügen.

Sie werden nun neugierig auf die weitere Umgebung und blicken sich aufmerksam um. In der Ferne sehen Sie dabei ein helles, strahlendes Licht ... Dieses Licht zieht Sie unwiderstehlich an und Sie beschließen, darauf zuzugehen. Ihr Gepäck haben Sie sicher gelagert, so dass Sie sich sorglos entfernen können. Nach einer Weile gelangen Sie an einen Ort, der ganz in dieses helle, warme Licht getaucht ist. Dort möchten Sie verweilen und so schauen Sie sich nach einem bequemen Platz um, an dem Sie sich niederlassen und wohlfühlen können. Dieser Platz scheint wie für Sie gemacht. Sie merken, wie sich eine wohltuende Ruhe in Ihnen ausbreitet ..., und Sie baden geradezu in diesem warmen, hellen Licht, in das der gesamte Ort getaucht ist. Mit allen Sinnen genießen Sie diesen Ort und Ihre unbeschwerte Leichtigkeit.

Sie haben längst die Zeit vergessen, denn die Stunden spielen keinerlei Rolle mehr an diesem Platz, als Sie ein helles, freundliches Wesen auf sich zukommen sehen. Das Wesen strahlt Friedfertigkeit und eine in sich ruhende Kraft in einem aus ... Es schaut Sie eine ganze Weile aus gütigen Augen voller Wohlwollen und fragloser Bestätigung an. Ohne Worte, nur über seinen liebevollen, erkennenden Blick vermittelt es Ihnen, dass es extra für Sie ganz persönlich zu Ihnen an diesen Ort gekommen ist, um Ihnen hilfreich sein zu können ... In diesem einen Moment und nur für Sie alleine, um Ihnen hilfreich sein zu wollen, ist es an diesen Ort gekommen. Der Blick dieses hellen, gütigen Wesens geht durch Ihre Augen hindurch direkt in Ihr Herz. Sie spüren deutlich, wie sich Ihr Herz für die empfangene Güte und für das Ihnen von diesem liebevollen Wesen entgegenströmende pure Wohlwollen weitet und öffnet ... Schließlich überreicht Ihnen das Wesen noch ein Geschenk, ohne dass Sie selbst das Geringste als Gegenleistung dafür tun müssten. Es ist ein Geschenk, das Sie für Ihre momentanen, ganz persönlichen Probleme in Ihrem Leben perfekt gebrauchen können. Es leistet Ihnen jetzt im Augenblick dienliche Hilfe. Vielleicht ist es etwas ganz Konkretes, vielleicht aber auch ein symbolisches Geschenk, das Sie noch gar nicht verstehen können.

Sie nehmen das Geschenk und bedanken sich bei dem Wesen für seine Gabe. Während es sich langsam und wortlos entfernt, schaut es Ihnen ein letztes Mal voller Güte in die Augen. Noch lange klingt sein absolutes Wohlwollen in Ihnen nach ... Sie beschließen, den Platz dieser Begegnung nun zu verlassen und gehen zurück zu Ihrem Gepäck. Sie wissen aber, Sie können jederzeit an diesen hellen Ort zurückkehren.

Bei Ihrem Gepäck angelangt, stellen Sie sich die Frage: Was von Ihrem vielen Gepäck möchten Sie mitnehmen auf die weitere Wanderschaft? Was brauchen Sie noch von all dem, was Sie bis hierhin mit sich herumgetragen

haben? Und was ist überflüssig? ... Es kann gut und erleichternd sein, überflüssigen Ballast zurückzulassen ... Falls Sie aber alles Gepäck wieder aufnehmen möchten, ist das ebenso in Ordnung. Sie entscheiden sich und setzen Ihre Wanderschaft danach fort.

Was sich verändert hat, ist: Sie wissen, dass Sie sich jederzeit eine Ruhepause gönnen dürfen und Ihr Gepäck ablegen können. Außerdem tragen Sie ein Geschenk bei sich, welches Sie für sich ganz persönlich nutzen können.

Denken Sie noch einmal an Ihr Geschenk und auch daran, was genau Sie damit zu tun gedenken, wobei es Ihnen helfen kann.

Spüren Sie dann zum Schluss wieder, wo ihr Körper Kontakt zum Sitz oder zum Boden hat und kehren Sie bewusst hierher in den Raum zurück, indem Sie langsam die Augen öffnen. Nehmen Sie sich noch einen Augenblick Zeit für sich, bevor Sie sich lang strecken und beginnen, sich wieder umzuschauen.

Nehmen Sie sich nun noch die Zeit zum Nachspüren und Nachdenken. Ein paar gezielte Fragen können diesen Prozess begleiten:

- Was hatten Sie eigentlich an Gepäck auf Ihrer Wanderung dabei? Trugen Sie etwas zu trinken und zu essen mit sich?
- Wie hat es sich angefühlt, sich von Ihrem ganzen Gepäck zu entlasten?
- Welchem mitfühlenden, wohlwollenden Wesen sind Sie am hellen, lichten Ort in Ihrer Innenwelt begegnet?
- Welches Geschenk haben Sie entgegennehmen dürfen, und was gedenken Sie in Zukunft damit zu tun?

Falls Sie auf der Phantasiereise dieser Übung keine Getränke und kein Essen im Gepäck hatten, wundern Sie sich nicht zu sehr darüber. Sie entsprechen damit dem Durchschnitt. Die Mehrzahl aller Männer wie Frauen, die sich in der Phantasie auf Wanderschaft begeben, vergisst das Wesentliche. In der Realität würde kaum jemand eine längere Wanderung antreten, ohne sich zu verproviantieren. Jeder würde zumindest Trinkwasser dabei haben. Beim Umherstreifen in imaginären Zuständen und Landschaften bewegt sich die Seele jedoch auf anderen Ebenen.

Wer beim Überdenken der Übung feststellt, dass er kein Wasser und nichts zu essen mit im Gepäck hatte, darf sich ruhig ein paar Gedanken darüber machen, was das auf der symbolischen Ebene für sein Leben im Hier und Jetzt bedeuten mag. Nur alten Plunder oder nur große, schwere Steine im Gepäck zu haben, was gar nicht selten der Fall ist, zeugt weder von einem feinsinnigen Verständnis für die eigene Person noch bereitet es Vergnügen. Immerhin eröffnet diese durch die imaginative Reise realisierte Erkenntnis die Möglichkeit, das Gepäck des Lebensrucksacks für den weiteren Lebensweg umzupacken.

Für nicht wenige Menschen ist die Phantasiereise der entscheidende Anstoß, sich drückender Bürden zu entledigen, welche sie sich bisher in ihrem Leben unhinterfragt aufgehalst haben.

Wer die Phantasiereise absolviert, kann sich je nach eigener Lebenssituation auf unterschiedliche Motive der Imagination konzentrieren. Sind die Ersten innerlich besonders damit beschäftigt, ihren Lebensrucksack zu sortieren, fragen sich die Zweiten, wie sie ihr Geschenk am sinnvollsten nutzen können. Die Dritten sind völlig von der Begegnung mit ihrem hellen, hilfreichen Wesen eingenommen.

HILFREICHE BÜNDNISSE EINGEHEN

Mit manchen hilfreichen Wesen aus unseren Phantasiereisen schließen wir bereitwillig und mit Freuden Bündnisse fürs Leben. Sie werden zu treuen Verbündeten und Reisebegleitern an unserer Seite. So schreibt mir eine Krankenschwester, die Jahre nach der Übung noch immer mit ihrem hilfreichen Wesen unterwegs ist:

»Ich spüre die Augen des Lichtwesens auf mir ruhen. Es gibt mir warmes, helles, fließendes Licht ab. Es fließt schwerelos auf mich, umschließt die Umrisse meines Körpers und dringt in meinen Kreislauf ein. Es wird durch kleine Blutgefäße in jede Körperzelle transportiert. Ich danke ihm und gebe ihm nun meinerseits von meinem Licht ab. Für einen Moment gibt es eine Verbindung unserer beider Lichtbögen. Das gemeinsame Licht sieht aus wie eine horizontale strahlende Acht. In mir ist es ruhig und friedlich. Es ist die natürlichste Sache der Welt. Ich fühle mich reich beschenkt.«

SELBSTERKENNTNIS ALS ERSTER SCHRITT ZUR VERÄNDERUNG

Wer sich selbst nicht ernst nehmen kann, ist nicht etwa ein Spaßvogel, ein Luftikus oder ein Filou. Er ist ein Mensch mit dem Risiko, sich selbst zu verlieren. Wer sich ausschließlich zu ernst nimmt, versauert hingegen. Selbstverständlich sollen Sie sich im Sinne einer Selbstannahme ernst nehmen. Sie sind für sich das Wichtigste auf der Welt. Gäbe es Sie nicht, würden Sie fehlen. Sie sollten sich allerdings nicht selbstbespiegeln, für den Nabel der Welt halten und achtlos über andere Menschen hinweggehen. Außerdem sollten Sie sich keinesfalls so ernst nehmen, dass Sie an hausgemachten Problemen festhalten und nicht davon ablassen mögen. Viele Schatten auf der Seele, Verstimmungen im Leben und alltägliche Quellen für Streitigkeiten sind in der Tat hausgemacht. Verstrickungen, Opferhaltungen, Eitelkeiten, Divaallüren, Streitlust: Wir schleppen sie alle zeitlebens mit uns und schaffen es nicht, uns von ihnen zu entbinden.

Trennen Sie durch einen wachen, achtsamen und gnädigen Umgang mit sich selbst die Spreu vom Weizen, wird Ihnen leichter ums Herz. Hilfreiche Unterstützung kann Ihnen dabei ein Bündnispartner bieten: ihr eigener innerer Beobachter. Er ist ein wichtiger Helfer und immer zur Stelle, sobald Sie ihn rufen. Ich möchte Sie deshalb im Sinne heilsamer Selbsterkenntnis, die der erste Schritt zur Besserung auf Ihrem Weg zur Selbstentwicklung ist, zu einer die Unwissenheit mildernden Übung einladen. Ich finde das buddhistische Verständnis von der »Sünde der Unwissenheit« ein tröstliches. Gemeint ist nicht kognitives Unwissen, sondern eine Art Seelenblindheit. Es ist davon auszugehen, dass alle Menschen auf ihrem Lebensweg in Unwissenheit befangen sind. Unwissend zu sein, ist somit nicht als ein unverzeihliches Versagen anzusehen. Solange ein Mensch nach buddhistischer Vorstellung nicht vollständig »erleuchtet« ist – und welcher normal Sterbliche ist das schon –, kann er nicht mehr tun, als sich im rechten Denken, Handeln und Fühlen zu üben, um die Unwissenheit abzumildern und sich weiterzuentwickeln.

Die Übung zur Selbsterkenntnis, mit der Sie beobachten können, was Sie wann in Ihrem Alltag weshalb wie tun, ermöglicht Ihnen ein deutlich höheres Maß an Klarheit im Hinblick auf Ihr Denken, Handeln und Fühlen.

Übung

6

Beobachte und erkenne dich selbst

Setzen Sie sich an einen ruhigen Ort und schließen Sie die Augen. Falls es Ihnen nicht möglich ist, die Augen zu schließen, fixieren Sie einen Punkt auf dem Boden, etwa einen Meter vor Ihren Füßen. Nehmen Sie eine bequeme Haltung ein. Spüren Sie, wo Ihr Gesäß Kontakt zum Sitz, der Rücken zur Lehne hat und wie Ihre Füße den Boden berühren. Achten Sie auf Ihre Atmung, gleichgültig, wohin Sie atmen, ob in den Bauch oder in die Brust. Nehmen Sie nur einige Atemzüge lang wahr, wie Sie atmen, dass Sie atmen und dass Ihr Atem kommt und wieder geht, ohne dass Sie bewusst etwas dafür tun müssen ... Machen Sie sich einen Augenblick bewusst, dass das Atmen in Ihrem Leben etwas ist, wofür Sie sich normalerweise nicht anstrengen müssen. Ihr Atem kommt und geht leicht und fließend von alleine. Es gibt da in Ihrem Leben also zumindest einen Bereich, der ganz ohne Anstrengung funktioniert. Machen Sie sich das noch einmal ausdrücklich bewusst. Und wenn Sie mögen, vertiefen Sie Ihre Atmung ein wenig ... Bringen Sie nun außerdem Ihre Atmung in Ordnung, indem Sie Ihren Atem ab jetzt gezielt in den Bauch hinein lenken, so dass sich Ihre Bauchdecke beim Ein- und Ausatmen spürbar hebt und senkt. Nur Ihre Bauchatmung zählt. Derart ruhig weiter ein- und ausatmend, bereiten Sie sich dann innerlich darauf vor, einen inneren Helfer kennen und schätzen zu lernen.

Nutzen Sie für den weiteren Verlauf der Übung nun ganz bewusst Ihre eigene Beobachtungsgabe. Wandern Sie zuerst aufmerksam beobachtend durch Ihren ganzen Körper, vom Scheitel auf dem Kopf bis zu den Sohlen Ihrer Füße. Nehmen Sie dabei wahr, wo in Ihrem Körper es angenehme Gefühle gibt oder umgekehrt vielleicht schmerzende Stellen oder Verspannungen. Nehmen Sie sich für diese achtsame Wanderung durch Ihren Körper ein paar Minuten Zeit. Und machen Sie sich zwischendrin immer wieder klar: »Es ist mein Körper, durch den ich in meinem Tempo wandere, und ich bin es, der meinen Körper dabei beobachten kann. Und weil ich meinen Körper beobachten kann, bin ich mehr als mein leiblicher Körper« ...

Seien Sie aufmerksam, während Sie ein zweites Mal Ihren Körper durchwandern und beobachten Sie dabei auch, wie es sich auf Sie auswirkt, dass Sie sich während Ihrer Wanderung durch den Körper Ihre eigene innere Beobachtungsgabe zu Nutze machen können. Machen Sie sich noch einmal deutlich: »Weil ich meinen Körper beobachten kann, bin ich mehr als mein leiblicher Körper« ...

Konzentrieren Sie sich jetzt für einige Zeit darauf, dass Sie genau wahrnehmen können, welche Gedanken Ihnen durch den Kopf gehen und wie Sie denken. Beobachten Sie sich dabei, was Ihnen zu denken gibt ... Sollte Ihr Kopf überraschenderweise gerade leer von Gedanken sein, genießen Sie den Augenblick der Gedankenleere, und beobachten Sie weiter, welche Gedanken als erste wieder auftauchen ...

Sie können Ihre Gedanken auch ordnen, indem Sie zwischen guten und weniger guten Gedanken und solchen unterscheiden, die sich auf die Gegenwart, auf die Vergangenheit oder die Zukunft beziehen. Und dadurch, dass Sie Ihre Gedanken immer wieder beobachten, wird Ihnen auch klarer, worüber Sie viel nachdenken – worüber Sie sich den Kopf zerbrechen.

In dieser Übung geht es darum, dass Sie sich Ihre selbstbeobachtenden Fähigkeiten bewusst machen. Sie können beobachten, wie ein Gedanke Gestalt annimmt, können sogar sein Auftauchen beobachten, Sie können ihn betrachten, können verfolgen, ob und wie er sich einnistet oder vorüberzieht und können wahrnehmen, wie er sich auf Sie auswirkt. Machen Sie sich also wieder ganz klar: »Ich kann meine eigenen Gedanken beobachten, also bin ich mehr als mein Denken. Weil ich mehr bin als meine Gedanken, kann ich sie folglich auch verändern, ihnen eine Richtung geben, die mir passt, die gut tut« ... Nehmen Sie sich fest vor: »Ich hüte meine Gedanken, denn meine Seele nimmt die Farbe meiner Gedanken an. Weil ich mehr als meine Gedanken bin, kann ich meine Gedanken beeinflussen. Ich gebe ihnen eine Richtung, die gut tut.«

Beobachten Sie nun, welche Stimmung im Moment in Ihnen herrscht. Wieder wissen Sie: »Ich kann meine Stimmung genau beobachten. Also bin ich mehr als diese meine Stimmung. Und wenn ich mehr bin als diese meine Stimmung, dann kann ich auch Einfluss auf sie nehmen.«

Nehmen Sie sich jetzt noch Zeit, Ihre Gefühle zu beobachten. Welche Gefühle sind da gerade wahrnehmbar? ... Welches sind Ihre vorherrschenden Gefühlsfarben? ... Wie ist die Intensität Ihrer Gefühle? ... Wie oder wann kochen Ihre Gefühle hoch, wie oder wann ebben sie ab? ... Sind Ihre Gefühle überhaupt Ihre Gefühle, oder spüren Sie fremde Gefühle in sich? ... Sie können genau beobachten, wie ein Gefühl in Ihnen im Entstehen begriffen ist, wie es sich langsam oder blitzartig ausbreitet und wie es sich auf Sie auswirkt. Und wiederholt bekräftigen Sie sich: »Ich kann meine Gefühle gut und genau beobachten, also bin ich weit mehr als meine Gefühle. Und weil ich mehr bin als meine Gefühle, muss ich sie folglich auch beeinflussen und verändern können. Und weil ich meine Gefühle genau beobachten und in ihrer Qualität betrachten kann, kann ich angenehme Gefühle angenehm sein lassen, neutrale Gefühle neutral und schädliche Gefühle unschädlich machen.«

Wenden Sie sich jetzt noch Ihren Worten und Ihrer Sprache zu. Sie können sich selbst dabei beobachten oder sich selbst zuhören, wie Sie Ihre Gedanken, Ihre Gefühle und alles, was Sie innerlich bewegt, mit Worten beschreiben. Und ein letztes Mal wird Ihnen deutlich bewusst: »Ich kann mich selbst beobachten. Und wenn ich mich beim Reden selbst beobachten kann, meinen eigenen Worten folgen kann, dann bin ich entschieden mehr als das, was ich mit Worten so von mir gebe. Und weil ich entschieden mehr bin, kann ich auch ganz klar die Wahl meiner Worte bestimmen.«

Zum Schluss machen Sie sich noch klar, dass Sie sogar beobachten können, wie Sie alles beobachten. Diesen Teil von Ihnen, der beobachten kann, wie Sie alles zu beobachten vermögen, können Sie Ihren eigenen inneren, unbestechlichen und wissenden Zeugen nennen. Es ist der Teil in Ihnen, der neutral wahrnehmen kann, was ist. Und diese Fähigkeit können Sie sich zu Nutze machen. Wenn Sie in irgend etwas verwickelt sind, das Ihnen nicht gut tut, können Sie sich auf Ihren eigenen inneren Beobachterposten zurückziehen und dadurch Distanz bekommen, falls Sie das möchten. Mit dieser Gabe können Sie sich selbst gut schützen sowie verhindern, Unheil anzurichten.

Machen Sie sich noch einmal für alle Zukunft klar, dass Sie mehr sind als Ihr leiblicher Körper, mehr als Ihre Gedanken, mehr als Ihre Stimmungen, mehr als Ihre Gefühle und mehr als Ihre Worte ... Öffnen Sie dann langsam wieder die Augen. Schauen Sie sich um und strecken Sie sich ein wenig, wenn Sie mögen.

In der regelmäßigen Wiederholung vermag diese Beobachter-Übung Ihre Selbstwirksamkeit in Form von Selbstbeherrschung, Einflussnahme und Impuls- wie Gefühlssteuerung zu stärken. Sie sind Ihren Gedanken, Stimmungen und Emotionen nicht hilflos ausgeliefert, sondern können lernen, sie zu lenken oder sogar zu beherrschen, statt sich von ihnen beherrscht zu fühlen. Entwickeln Sie dadurch mittelfristig mehr Verständnis für sich selbst, wächst die innere Freiheit, sich liebevoller, wesentlich zart- und mitfühlender und dadurch gnädiger und barmherziger zu stimmen. Auf längere Sicht ist diese Beobachter-Übung somit ein Gegenmittel, das negative und destruktive Gefühle und Impulse entgiftet. Machen Sie sich bewusst, dass dunkle Energien, die Sie gegen andere Menschen richten, aus Ihrem eigenen Inneren kommen bzw. verstärkt zu Ihnen zurückkehren. Ich kann es nicht oft genug betonen: Ihre Seele nimmt die Farbe Ihrer Gedanken an!

DEM KÖRPER AUFMERKSAMKEIT SCHENKEN

Zwar sind wir Menschen bedeutend mehr als unsere Körper, doch als Körper bewegen wir uns durch unser Leben. Wir können deshalb glücklich sein, wenn dieser gesund und widerstandsfähig ist. Jeder Mensch erlebt immer wieder einmal, wie ihm sein Körper in die Quere kommt, erkrankt, schmerzt, sich wieder erholt oder bleibenden Veränderungen unterworfen ist. Dennoch verhalten sich viele junge wie erwachsene Menschen, als gäbe es keine natürlichen körperlichen Grenzen. Sie setzen ganz selbstverständlich voraus, dass ihr Körper, ohne zu klagen, funktioniert, und bedenken nicht, dass sie mitverantwortlich sind und ihren Körper deshalb sorgsam achten und schätzen müssen.

Vielen Menschen ist ihr Körper erstaunlich fremd. Dabei tun wir nichts losgelöst vom Körper. Auch wenn wir etwas für unseren Geist bzw. unsere Psyche oder Seele tun und selbst wenn wir unsere Vorstellungskraft als heilsame Kraft verwenden, bleiben wir an ihn gebunden. Uns Zeit für unseren Körper zu nehmen und für ein gesundes Miteinander von Körper und Psyche bzw. Seele zu sorgen, ist ein Liebesdienst, den wir uns selbst tun, und eine notwendige Voraussetzung, um in die Praxis und Kunst des heilsamen Imaginierens einzusteigen.

Damit wir uns unserem Körper gegenüber mitverantwortlich zeigen können, müssen wir ihn erst einmal begreifen. Nur dann können wir dafür sorgen, dass unsere Psyche und unser Körper nicht unverbunden nebeneinander existieren, sondern einvernehmlich zusammenhängen. Die erste Körperübung habe ich aus verschiedenen körperbezogenen Übungen zusammengesetzt. Sie ermöglicht es im wahrsten Sinne des Wortes, den Körper zu begreifen. Indem jedes Körperteil bewusst begriffen und somit geortet wird, werden eine körperliche Zentrierung und das körperliche Kohärenzgefühl gefördert. Es kann sein, dass Sie überhaupt zum ersten Mal im Hinblick auf das Empfinden Ihres eigenen Körpers Ihre leibliche Kohärenz erleben und für sich etablieren.

Die Körperübung enthält eine Selbstmassage. Diese lege ich Ihnen zur wiederholten Anwendung nahe. Bei Müdigkeit, Abgespanntheit und Stress ist die Selbstmassage Balsam für Körper und Seele. Binnen kürzester Zeit verbessert sie Ihre Befindlichkeit. Sie werden sich wärmer, entspannter, wacher, belebter und präsenter fühlen.

Übung

7

Das Begreifen des eigenen Körpers

Ich möchte Sie durch eine körperliche Wohlfühlübung leiten, mit der Sie sich schnell selbst helfen können, wenn Sie müde und erschöpft sind oder es Ihnen schlecht geht. Sie können sich mit ihrer Hilfe regelrecht selbst begreifen. Ziehen Sie zu der Übung bitte Ihre Schuhe aus und stellen Sie die Füße vor einem Stuhl auf den Boden. So haben Ihre Füße und die Zehen Bodenhaftung. Falls es Ihnen vom Boden her zu kalt ist, legen Sie sich ein Kissen oder eine Decke unter die Füße. Machen Sie es sich jetzt in Ihrem Stuhl bequem und schließen Sie die Augen. Falls Ihnen das unangenehm ist, behalten Sie einfach einen Punkt zwischen Ihren Füßen auf dem Boden im Auge. Achten Sie ein paar Atemzüge lang auf Ihre Atmung. Nehmen Sie wahr ob Sie dabei eher in die Brust oder in den Bauch atmen ... Merken Sie, dass Sie vorwiegend mit der Brust atmen, versuchen Sie Ihren Atem mehr in den Bauch hinein zu lenken, so dass sich Ihre Bauchdecke beim Ein- und Ausatmen spürbar hebt und senkt ... Machen Sie sich beim Atmen einmal ganz bewusst, dass Sie sich für das Atmen in Ihrem Leben nicht anzustrengen brauchen. Ihr Atem kommt und geht ohne Anstrengung einfach von selbst. Falls Sie mögen, vertiefen Sie Ihre Atmung für ein paar Atemzüge. Ich warte derweil ein wenig auf Sie ...

Konzentrieren Sie sich auf Ihre Hände und Fingerspitzen. Nehmen Sie bewusst Ihre Hände und Fingerspitzen wahr ... Gehen Sie mit Ihrer Aufmerksamkeit in Ihre rechte Hand und beginnen Sie dann damit, mit Ihrer rechten Hand die linke Schulter zu massieren.

Gehen Sie tiefer zu Ihrem Oberarm und achten Sie darauf, mit wie viel Druck Sie sich selbst begreifend massieren. Mögen Sie lieber stärkeren oder eher schwächeren Druck? Probieren Sie es aus, Sie haben das ganz in der eigenen Hand. Gehen Sie weiter hinunter zu Ihrem Ellbogen ... und zu Ihrem Unterarm.

Nun massieren Sie Ihre Hand. Zuerst die Handinnenfläche ... und jetzt jeden einzelnen Finger: Fangen Sie beim kleinen Finger an ..., gehen Sie zum Ringfinger ..., zum Mittelfinger ..., zum Zeigefinger ... und zum Daumen.

Lassen Sie jetzt beide Arme seitlich neben sich hängen und schütteln Sie sie kurz aus.

Konzentrieren Sie sich nun auf Ihre linke Hand und deren Finger. Beginnen Sie wieder damit, mit Ihrer linken Hand Ihre rechte Schulter zu massieren. Die linke Hand massiert die rechte Schulter ... und wandert tiefer zum Oberarm ..., zum Ellbogen ..., sie massiert den Unterarm ... und die Hand mit jedem einzelnen Finger. Fangen Sie wieder bei der Handfläche an und gehen Sie danach jeden einzelnen Finger durch: Kleiner Finger ..., Ringfinger ..., Mittelfinger ..., Zeigefinger ... und Daumen.

Lassen Sie wieder beide Arme kurz hängen und schütteln Sie sie ein paar Mal aus.

Konzentrieren Sie sich wieder auf Ihre beiden Hände und Fingerspitzen ... Massieren Sie jetzt mit beiden Händen Ihr linkes Bein. Fangen Sie am Oberschenkel an. Achten Sie wieder gut darauf, wie es Ihnen angenehm ist, wie viel Druck Sie beim Massieren in Ihre Hände geben, so dass es für Sie richtig und wohltuend ist.

Gehen Sie zu Ihrem Knie ... und nun zum Unterschenkel.

Nehmen Sie sich jetzt Zeit für Ihren linken Fuß. Die Füße, die armen Kerle, müssen so viel tragen und werden häufig so schlecht behandelt. Mögen Sie Ihre Füße? Tun Sie ihnen mal was Gutes. Massieren Sie zuerst Ihre linke Ferse ..., dann die Fußsohle ... und schließlich jeden einzelnen Zeh. Fangen Sie mit dem kleinen Zeh an und arbeiten Sie sich bis zum großen Zeh vor. Nehmen Sie sich Zeit. Seien Sie ausgesprochen lieb mit jeder einzelnen Zehe.

Nachdem Sie gerade Ihrem linken Fuß Gutes getan haben, schütteln Sie Ihre Arme wieder kurz aus.

Beginnen Sie wieder neu und massieren Sie mit beiden Händen Ihr rechtes Bein. Zuerst den Oberschenkel ..., dann das Knie ..., den Unterschenkel ...und jetzt wieder den Fuß mit Ferse ..., Fußsohle ... und jede einzelne Zehe. Seien Sie zu jeder Zehe wieder besonders nett.

Schütteln Sie erneut Ihre Arme aus.

Führen Sie nun Ihre Hände in den Nacken und massieren Sie sich mit beiden Händen Ihren Nacken.

Wandern Sie den Hinterkopf hoch ... und jetzt massieren Sie sich gründlich die Kopfhaut. Manchmal gibt es das bei Ihrem Friseur vielleicht als kostenlose Zugabe vor dem Haareschneiden. Es tut Ihnen wohlig gut, sich den Kopf zu massieren.

Gehen Sie jetzt zu Ihren Schläfen ... und tiefer zu den Wangen, zu Ihrem Mund und zu Ihren Kieferknochen. Am besten öffnen Sie dafür ein klein wenig Ihren Mund. Einen Ton brauchen Sie nicht dabei zu machen. Nehmen Sie sich Zeit für Ihr Gesicht mit Mund und Kiefer.

Reiben Sie sich jetzt ein bisschen Ihre Nase mit Nasenrücken und Nasenflügel ... und nun Ihre beiden Ohrläppchen zwischen Daumen und Zeigefinger.

Jetzt reiben Sie sich noch gründlich die Augen aus. Das geht gut mit den Daumenballen oder mit den Fingerkuppen ... (Die Frauen als Leserinnen denken womöglich unwillkürlich: »Was ist mit meiner Schminke? Das kann doch nur ein Mann sagen, der nicht geschminkt ist.« Also schminken Sie sich für diese Übung das nächste Mal besser vorher ab ...) Spüren Sie nun einmal ganz wach, wie sich das jetzt hinter den Augen anfühlt.

Und wieder kurz die Arme ausschütteln.

Legen Sie nun noch beide Hände mit den Handflächen auf Ihre Brust und streichen Sie, begleitet von einem tiefen Ausatmen, mit den Handflächen über Ihren Bauch, Ihr Becken und Ihre Beine bis hinunter auf den Boden. Stellen Sie sich dabei vor, dass Sie alles für Sie Schwere und Unangenehme von sich abstreifen. Wiederholen Sie dieses Abstreifen vier Mal.

Ruhen Sie sich jetzt ein klein wenig aus.

Spüren Sie nun noch mit allen Ihren Sinnen nach Ihrer linken Seite.

Und dann lenken Sie Ihre Aufmerksamkeit um und spüren nach rechts.

Spüren Sie auch noch sorgfältig nach unten, zum Boden und zur Erde hin ... sowie nach oben zur Decke und zum Himmel hinauf.

Sie haben mit dieser Selbstmassage jetzt Ihren ganzen leiblichen Körper mit seinen Begrenzungen und Seiten begriffen. Legen Sie ganz zum Schluss noch für einen Moment Ihre beiden Hände auf diejenigen Körperstellen, die Sie am meisten von allen schützen möchten. Verweilen Sie einen Moment mit Ihrer ganzen Aufmerksamkeit dort und schicken Sie mit dem Ausatmen ein liebevolles Lächeln an diese Stellen.

Jetzt können Sie Ihre Hände einfach wieder auf ihren Beinen ablegen.

Öffnen Sie langsam wieder Ihre Augen, aber bewegen Sie sich noch nicht. Nur Ihre Augen sind geöffnet. Lassen Sie Ihr Erleben noch in sich nachklingen.

Ihre Augen sind offen, und Sie können zur Bewegung zurückkehren. Schauen Sie sich um und strecken Sie sich ein wenig. Falls Ihnen danach ist, stellen Sie sich aufrecht hin, breiten Sie Ihre Arme wie Flügel aus und drehen Sie sich mit Oberkörper und ausgebreiteten Armen wie ein Kreisel hin und her. Das ist jetzt und für alle Zukunft Ihr Raum, den Ihnen niemand mehr nehmen kann.

TANKSTELLEN FÜR LEIB UND SEELE

Für Tage mit schmerzendem Rücken und übergroßem Stress, an denen Sie sich müde und ausgelaugt fühlen bzw. Probleme oder Sorgen ihre Gedanken so stark gefangen nehmen, dass Ihr Kopf nicht zur Ruhe kommt, schlage ich Ihnen mehrere Übungen zum Abschalten und Auftanken vor. Sie stammen zwar aus der Fülle körperpsychotherapeutischer Interventionsmöglichkeiten. Hier ist ihr Anwendungsbereich aber für Ihre achtsame private Selbstfürsorge gedacht und darauf ausgerichtet, dass Sie Ihre leeren inneren Akkus wieder aufladen. Ich kenne zu diesem Zweck auf der körperlichen Ebene kaum wirksamere Übungen.

Während Sie alle rein meditativen und imaginativen Übungen für sich allein ausüben können, brauchen Sie für diese Tankstellen für Leib und Seele eine zweite Person: einen Lebens- und Liebesgefährten, einen Freund oder eine vertraute Arbeitskollegin. Es gibt nichts zu verlieren außer der Angst, Unvertrautes auszuprobieren. Scheuen Sie sich nicht, die Grenzen dessen, was wir für zwischenmenschlich üblich halten, zu weiten. Schlagen Sie die Übungen den Menschen, die Sie ausgewählt haben, vor, werden diese Sie beim ersten Mal vielleicht erstaunt anschauen. Die Skepsis weicht indes schnell, sobald jemand mit Ihnen zusammen erfahren hat, wie sehr auch er von den Übungen profitiert. Mit dem, was sie an Empfindungen, menschlicher Würde, Wohlbefinden, Entspannung und Energie vermitteln, bedienen die Übungen in idealer Weise die eigene Selbstfürsorge und Psychohygiene. Obendrein sind sie mit der inneren Logik der imaginativen Übungen verbunden.

Übung

8

Rücken an Rücken

Bei der ersten Übung setzen Sie sich mit einem Partner auf den Boden Rücken an Rücken. Richten Sie es sich dabei mit Decken oder Sitzkissen bequem ein. Es darf nichts unbequem werden oder drücken. Lehnen Sie sich mit Ihrem Rücken an den Rücken der anderen Person, die Ihnen ihre Rückenfläche zur Verfügung stellt. Durch das wechselseitige Erkunden zweier Körperlandschaften werden Sie Halt und Bestärkung erfahren. Die Rücken fügen sich aneinander und ineinander. Auf einer relativ großen Berührungsfläche breiten sich die mannigfaltigsten Wahrnehmungen aus: Wärme, Rückhalt, Schutz, Geborgenheit, Begrenzung, Kontur, Kraft, Ausruhen, Ineinanderschmelzen, Widerstand, Austausch, Nähe, Reibung, Lust zu Rangelei und spielerischem Kampf. Die Rücken fragen und antworten.

Sie führen einen wortlosen körpersprachlichen Dialog. Sie können pendeln zwischen Anlehnungsbedürfnis und mildem Sich-Fallenlassen als eine Form von stimmig dosierter Regression, stillem, sättigendem Tanken und aktiver Abgrenzung durch kräftigende Impulse, die als inneres Wachstum und Autonomiebestrebungen die Trennung der Rücken ankündigen, wenn der Tank befüllt ist.

Sollten Sie bei einer Ersterfahrung mit der Übung nichts von alledem verspüren, sondern zwischendurch das Gefühl bekommen, Ihr Gegenüber laste auf Ihnen, bedrücke Sie, indem sein Rücken Ihnen alle Last der Welt aufbürde, nehmen Sie den Hinweis als ernste Bestätigung, dass Sie sich viel zu viel in Ihrem Leben zumuten. Zweifeln Sie nicht direkt am Sinn und Zweck der Übung, sondern vertrauen Sie Ihrem Körper, der regulierend für Sie in Aktion treten wird. Bei fortgesetzter Erfahrung mit der Übung wird Ihr Körper ein neues Gleichgewicht suchen und herstellen. Sobald und sofern es Ihnen gelingt, sich bei den Regulierungsprozessen ganz der eigenen Weisheit Ihres Körpers zu überlassen, wird er Sie zielsicher an den Punkt geleiten, ab dem Sie auftanken werden. Auf dem Höhepunkt des stillen Tankens, wenn es um ein Zur-Ruhe-Kommen geht, können Sie zusätzlich noch Ihren Kopf nach hinten ablegen. Dort findet er Halt am Kopf Ihres Partners. Spätestens ab dem Augenblick kommen alle schwirrenden Gedanken langsam zum Stillstand. Sie befinden sich in einem Schwebezustand.

Da uns im Alltag die Zeit regiert, werde ich regelmäßig gefragt: »Wie lange soll die Übung denn dauern«? Deswegen gebe ich Ihnen hier zwar nicht als verbindlichen Maßstab, aber als Orientierung folgenden Hinweis: 15 bis zwanzig Minuten sind eine gute Zeitspanne für die Übung »Rücken an Rücken«. Danach fühlen sich die zwei Beteiligten meiner Erfahrung nach innerlich aufgetankt und gesättigt. Oft verschränken sie gegen Ende der Übung aus Dankbarkeit oder liebevoller Verbundenheit die Arme ineinander oder ihre Hände greifen für einen Moment ineinander, bevor der Abschied vollzogen wird.

Solange die Stressoren unserer Gesellschaft unser Leben erschweren, die Arbeitswelt immer ungnädiger wird oder der eigene innere Frieden noch nicht hergestellt ist, braucht es Mittel und Wege, um möglichst schnell und wirkungsvoll von belastendem Stress und quälender Gedankenflut abschalten zu können. Mit dem Kopf allein funktioniert das nicht. Erst die Einbeziehung des Körpers beruhigt Geist und Seele. Für Menschen, die keine Erfahrungen mit Körperarbeit haben, liegt die Ihnen nun gegen Stress und Gedankenflut empfohlene »Königsübung« außerhalb ihres Erfahrungsraumes. Obwohl das, was in unserer Kultur üblich ist, menschlich und im Umgang mit dem eigenen Körper reduziert ist, tragen wir alle das Potenzial der körperlich-seelischen Selbstfürsorge in uns. Ursprünglich stammt die Übung aus den körperpsychotherapeutischen Interventionsmöglichkeiten. Ich stelle sie hingegen als Mittel zur Steigerung Ihrer inneren Selbstregulierungsfähigkeiten für die ausschließlich private Anwendung vor. Als »Königsübung« bezeichne ich sie, weil ich nur noch eine zweite Übung kenne, die derart wirksam stressige Aufgedrehtheit, Gedankenflut oder Angstzustände zur Ruhe bringt. Diese zweite Übung mit Namen »Abrahams Schoß« beschreibe ich im Anschluss. Sie geht noch ein Stück weiter über unseren gewohnten zwischenmenschlichen Umgang hinaus.

Sie brauchen für die »Königsübung« ebenso wie für die »Rücken an Rücken«-Übung eine Ihnen nahestehende oder vertraute Person als Helfer. Die Übung bewirkt Wohlbefinden, Entspannung und einen Zuwachs an Energie, welcher die eigene Lebenszufriedenheit oder auch Arbeitsfähigkeit stärkt. Die Seele atmet auf. Dazu gehören gelegentlich auch befreiende

Lachanfälle, die eine tiefe Entspannung nach sich ziehen, oder Tränen, die aufgestauten Druck, Trauer, Überforderung, Wut oder sonstige Gefühle abfließen lassen.

Übung

9

Königsübung gegen Stress und Gedankenflut

Im Kern besteht die »Königsübung« darin, dass Sie sich mit dem Rücken bequem auf eine Coach oder eine Liege legen, jedenfalls nach Möglichkeit nicht auf den Boden. Das würde für Ihren Helfer im Verlaufe der Übung zu anstrengend. Er muss es wirklich bequem haben. Ideal ist ein »Funktionssofa«, bei dem sich die Seitenteile umklappen lassen, damit eine ebene Fläche entsteht. In jedem Falle sollte die Liegemöglichkeit so beschaffen sein, dass Ihr Helfer selbst bequem hinter Ihrem Kopf sitzen kann. Sehr gut eignen sich dafür feste Sitzsäcke oder runde lehnenlose Polstersitze. Haben Sie es sich auf Ihrer Liege gut eingerichtet, besteht der nächste Schritt darin, Ihren gestressten, müden, angestrengten, grübelnden oder gar schmerzenden Kopf den Händen Ihres Helfers oder Ihrer Partnerin anzuvertrauen. Sie dürfen und sollen Ihren Kopf im wahrsten Sinne des Wortes in dessen bzw. deren Hände ablegen. Sie brauchen ihn nicht mehr selbst zu tragen. Er wird getragen von den bergenden Handschalen Ihres Helfers. Das Gefühl, Ihren Kopf in die bergenden Hände eines anderen Menschen ablegen zu dürfen und ihn dort sicher gehalten zu fühlen, kann von überwältigender Intensität sein.

Wie Sie Ihren Kopf den Händen Ihres Helfers anvertrauen, wie er sich am besten und liebsten gehalten fühlen möchte, probieren Sie aus. Sie dürfen getrost Ihre eigenen Hände dazu nehmen, um die Handflächen Ihres Helfers auf eine Weise unter oder um Ihren Kopf herum zu positionieren, dass Sie das stimmige Gefühl bekommen, so ist alles richtig für Sie. Nichts darf Sie beengen.

Sollten sich vorübergehend unangenehme Wahrnehmungen einstellen, wie der Eindruck, es lege sich Ihnen ein Helm oder eine Schraubzwinge um den Kopf, registrieren Sie Ihr Bild aufmerksam, aber korrigieren Sie umgehend die Lage der Hände um Ihren Kopf. Die Übung ist schließlich eine »Halteübung« und keine »Aushalteübung«. Korrigieren Sie so lange, bis Sie sich rundum gut und wohlig gehalten fühlen.

Sie werden sehr schnell und treffsicher die für Ihre Person stimmigen Feinheiten herausfinden. Sobald Sie sich gut in den Händen Ihres Helfers eingerichtet haben und sich wohltuend getragen fühlen, werden Sie irgendwann merken, wie Ihr Körper mehr und mehr loslässt. Die Nackenspannung, mit der Sie sonst selbst Ihren Kopf tragen und die auch ein Gradmesser Ihres Misstrauens ins Leben sowie Ihrer permanenten, anstrengenden Sicherungsbestrebungen sein kann, gibt nach. Sie werden spüren, wie Ihr Kopf in die Hände Ihrer Helferperson sinkt, wie er »herunterfällt«. Auch Ihr Partner wird diesen Moment sehr bewusst wahrnehmen und vermutlich eine Portion berechtigte menschliche Genugtuung verspüren, dass er Ihnen mit seiner Gegenwart und seinen bergenden Händen so hilfreich zu sein vermag. Dauert das Halten an, werden Sie spüren, wie sich alle Schwere aus Ihrem Körper zurückzieht, wie jede Gedankenflut abebbt und einer wachsenden inneren Ruhe Platz macht. Sie ruhen sich aus. Sie ruhen sich ganz aus.

Vorher allerdings werden Sie die Aufgabe zu bewältigen haben, eine ganze Reihe von Störgedanken, die Ihnen wie Sperrfeuer durch den Kopf schießen möchten, zu registrieren und dann vorüberziehen zu lassen. Hoch wahrscheinliche Störgedanken sind: »Kann mein Helfer mich wirklich tragen«?, »Hält er mich überhaupt aus«?, »Bin ich nicht zu schwer«?, »Darf ich mich so, wie ich bin, überhaupt zumuten«?, »Bin ich das wirklich wert«?, »Bin ich keine zu große Last«?, »Machen wir hier nicht etwas Grenzwertiges, Ungeheuerliches, das eigentlich gar nicht erlaubt ist«?, »Müsste ich jetzt nicht aufhören? Das wird ihm hinter mir doch bestimmt schon zu lang«?

Sollten Sie gar noch ein leichtes Zittern der Hände Ihres Helfers bemerken, werden Sie die Übung beim ersten Mal ganz schnell beenden wollen, weil Sie sich für Ihren Helfer verantwortlich fühlen. Deshalb ist es so wichtig, dass die helfende Person selbst ganz bequem hinter Ihnen sitzen kann. Sie allein ist als Helfer für die eigene Bequemlichkeit während der Übung verantwortlich. Wird ihr etwas zu unbequem, kann sie ihre Haltung kurz korrigieren, damit sie wieder bequem wird. Wenn beide von vorneherein wissen, dass das während der Dauer der Übung absolut selbstverständlich ist, wird es auch nicht als Störung empfunden. Wer als Helfer vergisst, gut für sich zu sorgen, erfährt über die körpersprachliche Schiene die Botschaft, dass es auch in seinem eigenen Leben Etliches aufzuräumen gilt.

Haben Sie schließlich alle Störklippen erfolgreich hinter sich gelassen, werden Sie tiefe Entspannung finden. Vielleicht haben Sie sogar das Gefühl, die Zeit bleibt stehen. Gedankenleeres, stilles Genießen und Tanken setzt ein. Möglicherweise schlummern Sie sogar für eine kleine Weile ein. Ist es irgendwann genug, Ihr Tank befüllt, wird Ihr Körper Ihnen Signale zum Beenden der Kopfhalteübung senden, indem er anfängt, sich selbst wieder zu aktivieren. Sie können dann entweder noch nachgenießen, oder Ihnen und Ihrem Helfer fallen ein paar kleine »Spiele« ein, um zum Abschluss noch ein bisschen vergnüglichen »Quatsch« miteinander zu machen. Der kann darin bestehen, dass Sie Ihre Arme nach hinten reichen, um die Hände Ihres Helfers zu suchen und über eine kleine Rangelei mit Ziehen und Zerren sowie einem befreienden Lachen als Begleitmusik den Abschied einzuleiten.

Ein Zeitlimit gibt es für die »Königsübung« nicht. Bis anfangs alle Verspannungen gelockert und aufgelöst, alle Kontroll- und

Sicherungsbestrebungen dem Vertrauen gewichen sind: »Ich darf tatsächlich loslassen. Ich werde sicher gehalten und getragen«, können gut zwanzig Minuten verstreichen. Wie viel Zeit Sie fürs Loslassen und für ein stilles Auftanken jeweils benötigen oder sich gönnen möchten, werden Sie mit wachsender Erfahrung herausfinden. Danach können Sie und Ihr Helfer die Rollen entweder tauschen, oder Sie stehen ihm ein anderes Mal als Helfer zur Verfügung.

Ich empfehle Ihnen, während der »Königsübung« oder bei einer späteren Wiederholung mit Varianten des Kopfhaltens zu experimentieren. Testen Sie aus, was Ihnen wohltut. Haben Sie einen Tag hinter sich, der mit vielen Gesprächen angefüllt war oder an dem Sie unablässig Lärm ausgesetzt waren, können Sie einen zusätzlichen Reizschutz für Ihre Ohren ausprobieren. Ihr Partner kann Ihnen mit seinen Händen die Ohrmuscheln abdecken. Das kann unglaublich beruhigend wirken und friedlich stimmen. Sie können sich aber auch durch das Abdecken der Ohren abgeschnitten oder beengt fühlen. Es gibt kein Richtig oder Falsch. Es gibt nur das, was für Sie richtig, gut und stimmig ist.

Sind an einem anderen Tag Ihre Augen besonders müde und überanstrengt, kann es das Abdecken der Augen sein, das vor weiteren Reizen schützt. Probieren Sie aus, welche Erfahrungen Sie mit einer solchen Variante machen. Technisch lässt sie sich am besten praktizieren, wenn Ihr Helfer statt hinter Ihnen seitlich neben Ihnen sitzt. So hat er die Möglichkeit, mit einer Hand unter Ihrem Nacken weiterhin Ihren Kopf zu halten und mit der anderen Ihren geschlossenen Augen eine zusätzliche Abschirmung zu gewähren. Die Hand sollte dabei so platziert sein, dass Sie Ihre Atmung nicht erschwert. Gut ist, was gut für Sie wirkt. Bisweilen ist die »Königsübung« sogar in der Lage, kleine Wunder zu vollbringen: Eine meiner Klientinnen mit der Diagnose »schwere Arbeitssucht« sagte ständig von sich selbst, dass sie überhaupt nicht mehr wisse, was Ruhe sei. Eigentlich könne sie Nichtstun oder Stille nicht ertragen. Sie sei ständig aktiv und lasse obendrein bei jeder Gelegenheit im Hintergrund Musik laufen, damit es bloß nicht lautlos sei.

Die Klientin wandelte mehrfach am Absturz entlang, bis sie über eine Freundin den Weg zu mir in die Therapie fand. Neben Imaginationen, aus denen sie zwar Impulse für Veränderungen, aber keine Zeiten der Ruhe zog, bot ich ihr bei passender Gelegenheit die Kopfhalteübung an. Da sie zu der Zeit wegen eines Beziehungsproblems als Paar zusammen mit ihrem Mann kam, richtete ich das Setting so ein, dass sie die Übung unter meiner Anleitung mit ihrem Mann erproben konnte.

Keiner der beiden hätte auch nur im Geringsten erwartet, was passierte: Wenige Minuten, nachdem die Klientin ihren Kopf in die Handschalen ihres Mannes abgelegt hatte, spürte sie, wie ihr Kopf in doppelter Weise losließ. Er ließ sich erstens regelrecht in die Hände ihres Mannes hineinfallen. Zweitens wurde er völlig gedankenleer. Die Flut der ohne Unterlass kreisenden Gedanken kam zum Stillstand. Sie genoss das Gefühl von gedankenloser Leere im Kopf über alle Maßen. Die Klientin war im Anschluss an die Übung zutiefst überrascht und beeindruckt, wie schnell und mühelos sie in einen ihr völlig ungewohnten Zustand der Ruhe geglitten war. Ihr Mann war nicht weniger erstaunt, und zwar nicht allein von der unerwarteten Reaktion seiner Frau, die er nur ruhelos kannte: »Wenn meine Frau sich an einen Tisch setzt, nimmt die Unruhe in Person Platz.« Ebenso überraschte ihn seine Fähigkeit, mit seinen Händen den Beruhigungsprozess seiner Frau anzustoßen und begleiten zu können.

Ich ließ das Paar im Anschluss die Rollen tauschen, da auch dem Ehemann ein Zuwachs an innerem Frieden zu wünschen war. Er tauchte sehr schnell weg, schlief kurzzeitig sogar ein. Seine Frau empfand in der Rolle der Haltenden nicht nur selbst erneut ein überraschendes Maß an Abschalten, sondern zudem ein Gefühl von Dankbarkeit, dass sie zu einem solch Halt gewährenden Austausch mit ihrem Mann in der Lage war. Für beide wurde die »Königsübung« zu einer intensiven Beziehungserfahrung.

Führe ich die Übung mit Klienten oder Patientinnen durch, geschieht es immer häufiger, dass diese nach einer Weile beginnen, strahlend helles oder violettes Licht im Bereich ihres dritten Auges in der Mitte der Stirn zu sehen. Das ist dann ein unverhofftes zusätzliches Geschenk, das zu genießen ist. Das dritte Auge ist eines der menschlichen Zentren für Intuition und spirituelle Bewusstseinserfahrungen.

Ein Ausruhen und Auftanken in vollkommener Geborgenheit erlaubt auch die nächste Übung, die ich nach Tilmann Moser »Abrahams Schoß« nenne. Probieren Sie diese ebenfalls mit Ihnen vertrauten Menschen aus. Sie gibt nicht nur starken Halt und stärkt die Selbstfürsorge, sondern mildert, falls Sie Schwierigkeiten mit dem Loslassen oder Sich-Anvertrauen haben, diese ab oder löst sie sogar auf. Im Idealfall ermöglicht die Übung sogar emotional korrigierende Erfahrungen in bedingungsloser Liebe.

Übung

10

Abrahams Schoß

Richten Sie es sich mit einem Sie haltenden vertrauten Menschen so ein, dass Sie bequem Ihren Kopf in dessen Schoß legen können. Um jeglichen Missverständnissen oder verqueren Verwirrungen vorzubeugen, kann die Person ein Kissen zwischen ihre Beine legen, um den Genitalbereich zu bedecken. Die Sie haltende Person muss es sich unbedingt richtig bequem einrichten. Am besten lehnt sie sich selbst mit dem Rücken an einer Wand mit einem Kissen oder Polster an. Im körpertherapeutischen Kontext ist »Abrahams Schoß« eine sehr mächtige Intervention, die mit großer Achtsamkeit zu handhaben ist. Beim Einsatzzweck in Eigenregie für gesteigerte Achtsamkeit, Selbstfürsorge und Selbstveränderung können Sie in aller Ruhe ausprobieren, wie Sie Ihren Kopf am erholsamsten in den Schoß Ihres Helfers betten. Je stärker Sie in die Halt gebende Berührung vertrauensvoll einzutauchen vermögen, desto intensiver werden Sie bei sich ankommen und Wohlbefinden tanken. Vertrauen Sie auf die Weisheit Ihres Körpers, der zuverlässig als Autopilot fungieren wird.

Wenn Sie den Kopf in den Schoß Ihres Gegenübers legen, bildet dessen Körper eine Sie bergende Schale. Mit seinen Armen kann Ihr Helfer Ihnen einen zusätzlichen Halt bieten, je nachdem, wie Sie es wünschen und als wohltuend empfinden. Mit der Zeit werden Sie tatsächlich die Last des Kopfes, sprich des Tages, oder die ganze Last der Welt abgeben. Ihre Atmung wird sich vertiefen, die Muskulatur wird jede gewohnte Anspannung loslassen, und Sie werden leibseelische Erholung mit energetischem Auftanken empfinden. Ein inneres Jubilieren fordert Sie zum Tanz auf. Ist es genug, kündigen kleine Bewegungsimpulse an, dass die Zeit der ruhenden Passivität und der milden Regression zu Ende geht. Sobald Sie die aktivierenden

Impulse verstärken, vermögen Sie Freude, Lebenslust, Köperkraft und sich über den Körper ausdrückenden Humor zu mobilisieren. Alles zusammen bewirkt eine Stärkung des Ichs bzw. des Selbst im Sinnes eines friedlichen, wohlwollenden Ankommens bei sich selbst.

Im Nachbesprechen der Übung in einer Gruppe gab eine Teilnehmerin ihrem grenzenlosen Erstaunen über ihr Erleben Ausdruck: »Was war das denn gerade? Das war ja wie Fliegen. Nur noch viel, viel besser, wie schwereloses Schweben über den Wolken.«

BEI SICH SELBST ANKOMMEN

Die Ihnen bisher empfohlenen Körperübungen können zwar erhebliche Veränderungen auf Ihrem Weg zu sich selbst auslösen, sind aber vor allem dafür gedacht, dass Sie sich entspannen, zur Ruhe kommen und Wohlbefinden erleben. Anders verhält es sich bei der nächsten Körpermeditation. Mit ihr lernen Sie nun die erste imaginative Übung für Körper und Seele kennen. Dass diese beim Körper und nicht bei der Seele beginnt, hat seinen Grund. Denn wie gesagt: Ohne Ihren Körper könnten Sie sich nicht durch Ihr Leben bewegen. Er ist Ihnen für die Zeit Ihres Lebens auf Erden verliehen und die Wohnstatt Ihrer Seele. Unabhängig davon, ob Sie sich in Ihrem Körper wohl und heimisch fühlen oder eher an ihm herummäkeln und einzelne seiner Teile oder sogar den gesamten Körper ablehnen, haben Sie nur diesen einen Körper. Es ist Ihre Entscheidung, wie gut und achtsam oder wie nachlässig und verachtend Sie mit ihm umgehen.

Unser Zeitgeist bringt viele Menschen dazu, alles Mögliche zu tun, um ihren Körper zu verändern oder umzuformen. Sie wünschen sich einen anderen Körper und versuchen den, den sie haben, mit Tattoos, Piercings oder Operationen zu manipulieren. Über Body-Modification wollen sie den Körper nach ihrem Willen formen. Andere beachten ihren Körper kaum, betrachten es als selbstverständlich, dass er ein Leben lang klaglos funktioniert. Eine vorausschauende Verantwortung übernehmen sie nicht. Erst wenn der Motor ins Stottern gerät, merken sie auf. Ist das Stottern behoben, funktioniert der Körper wieder, kehren sie zu ihren nachlässigen Verhaltensweisen zurück, als wäre nie etwas gewesen und als gäbe es kein Morgen. Eine wachsende Anzahl von Menschen hat inzwischen ein derart schwieriges Verhältnis dem eigenen Körper gegenüber, dass sie sich immer wieder selbst verletzt oder sogar zu Tode hungert. In meinem Buch »Verstehen, was uns süchtig macht. Hilfe zur Selbstheilung« habe ich mich mit derartigen Phänomenen beschäftigt und sie näher erläutert.

In dem Moment, in dem wir uns mit unserem Körper und allen seinen Teilen vertraut machen und Gefallen an ihnen finden, freunden wir uns mit Leib und Seele an – wir kommen sozusagen bei uns selbst an. Die sich diesen erklärenden Worten anschließende und das Anfreunden ermöglichende Körperreise ist dreierlei Ursprungs: Eine Vorlage von Luise Reddemann habe ich zum einen mit Motiven aus einer Tiefenentspannung des vietnamesischen Mönchs Thich Nhat Hanh und zum anderen durch Motive und Ideen aus meinem eigenen körperpsychotherapeutischen wie spirituellen Hintergrund ergänzt. Ich empfehle die Übung insbesondere als eine Leib und Seele berührende Meditation, die das Mitgefühl und die Eigenliebe stärkt.

Übung

11

Sich mit Leib und Seele anfreunden

Schließen Sie für diese Übung nach Möglichkeit alle störenden Einflüsse von außen aus. Legen Sie sich auf einer gut tragfähigen Unterlage bequem auf den Rücken, so dass Sie alle Spannungen in Ihrem Körper loslassen können. Legen Sie sich ein kleines Kissen unter Ihren Kopf, damit der Kopf weich aufliegt und Ihr Nacken nicht überstreckt ist. Schließen Sie die Augen. Vermutlich werden Sie unwillkürlich ein erstes Mal erleichtert tief durchatmen ... Ihre Arme ruhen sanft auf beiden Seiten Ihres Körpers, die Handflächen zeigen geöffnet nach oben. Spüren Sie, wo Ihr Körper mit den Fersen, den Rückseiten der Beine, mit dem Gesäß, dem Rücken, den Händen und den Armen Kontakt zur Unterlage oder zum Boden hat ... Spüren Sie auch, wie Ihr Kopf die Unterlage berührt ... Achten Sie auf Ihre Atmung, gleichgültig, wohin Sie atmen, ob in den Bauch oder in die Brust. Nehmen Sie nur einige Atemzüge lang wahr, wie Sie atmen, dass Sie atmen und dass Ihr Atem kommt und wieder geht, ohne dass Sie willentlich etwas dafür tun müssen. Machen Sie sich einen Augenblick bewusst, dass das Atmen in Ihrem Leben etwas ist, wofür Sie sich normalerweise in keiner Weise anzustrengen brauchen, denn Ihr Atem kommt mit fließender Leichtigkeit und er geht mit fließender Leichtigkeit ganz von alleine ... Wenn Sie mögen, vertiefen Sie Ihre Atmung ein wenig ... Bringen Sie gleichzeitig Ihre Atmung in Ordnung, indem Sie Ihren Atem von nun an gezielt in den Bauch hinein lenken, so dass sich Ihre Bauchdecke beim Ein- und Ausatmen spürbar hebt und senkt. Nur Ihre Bauchatmung zählt. Atmen Sie ruhig und tief ... ruhig und tief.

Und mit jedem Ein- und Ausatmen lassen Sie Ihren Körper noch ein wenig tiefer und tiefer in die Unterlage oder auf den Boden sinken ... Ruhig weiter ein- und ausatmend, bereiten Sie sich mit den nächsten Atemzügen nun innerlich auf eine längere Erkundungsreise durch Ihren Körper vor.

Lenken Sie die Aufmerksamkeit mit Ihrem Atem zu Beginn als Erstes zu Ihrem Kopf mit seinem Gehirn. Normalerweise benutzen Sie den Kopf zum Denken. Eigenständiges Denken ist heutzutage ein wenig aus der Mode gekommen. Manche Menschen lassen lieber denken, Herrschsüchtige suchen Ihnen Ihr Denken abzunehmen. Doch grundsätzlich ist Ihr Kopf mit seiner Denkfähigkeit eine phantastische Möglichkeit. Spüren Sie doch einmal für einige Augenblicke in Ihr Gehirn hinein ... Schauen Sie hinein, spüren Sie, wie es für Sie denkt ... Spüren Sie der Form Ihres Gehirns, seinen Windungen und seinem Gewicht unter Ihrer Schädeldecke nach ... Sie haben ein Gehirn, aber Sie sind nicht Ihr Gehirn. Und auch Ihr Kopf besteht nicht nur aus seinem Gehirn. Ihr Kopf leistet Ihnen nämlich noch viele weitere wertvolle Dienste. Nehmen Sie ihn daher einmal in allen seinen Teilen wahr: die Augen ..., die Nase ..., den Mund mit der Mundhöhle und der Zunge darin ..., die beiden Ohren ..., die Wangen ..., die Kiefer ... Und jetzt überlegen Sie: Welche Teile Ihres Kopfes bereiten Ihnen ganz persönlich kleine alltägliche oder größere Freuden bei der sinnlichen Wahrnehmung? Es ist Ihnen zum Beispiel ein Vergnügen, mit Ihren Augen die Sonne oder in die Sterne zu sehen oder einen geliebten Menschen zu schauen. Mit den Ohren können Sie einer Musik lauschen, mit der Nase Gerüche und Düfte einfangen, mit dem Mund und der Zunge schmecken. Welche Teile Ihres Kopfes helfen ihnen dabei, freudvolle Erfahrungen zu machen? ...

Stellen Sie sich diese Freuden so konkret wie möglich vor. Wo haben Sie sich zum Beispiel gefreut, einem Sonnenaufgang oder Sonnenuntergang zuzusehen oder einer himmlischen Musik zu lauschen? Verbinden Sie die Freude des Sehens mit dem Bewusstsein, dass Sie sie Ihren Augen, Ihrer Sehkraft, verdanken. Andere Genüsse wie die Freude des Hörens verdanken Sie den Ohren oder die Freude an Düften Ihrer Nase. Was ist für Sie ganz persönlich das Wichtigste? ...

Machen Sie sich bewusst, wie wunderbar es ist, derart wahrnehmen und Sinnesfreuden empfinden zu können und zu dürfen.

Gehen Sie jetzt mit Ihrer Vorstellung zu Ihrem Bewegungsapparat, zu den Knochen, den Muskeln, den Sehnen, zu Armen, Beinen und Füßen. Welche kleinen oder größeren Freuden verdanken Sie diesen Teilen Ihres Körpers, die Ihnen die Bewegung gestatten? Vielleicht tanzen, wandern oder schwimmen Sie persönlich gerne? Oder ist es Ihnen eine besondere Freude, Rad zu fahren? Stellen Sie sich auch diese Freuden wieder einen Moment lang so konkret wie möglich vor ... Senden Sie mit Ihrem nächsten Atemzug den Teilen Ihres Körpers, die Ihnen diese Erfahrungen ermöglichen, eine große Portion Dankbarkeit zu.

Wiederum mit Ihrem nächsten Atemzug lenken Sie Ihre Aufmerksamkeit nun zu Ihren beiden Händen mit ihren Fingern und Fingerspitzen. Machen Sie sich bewusst, welch ein Glück es ist, über zwei gesunde, funktionstüchtige Hände zu verfügen. Welche kleineren oder größeren Freuden bereiten Ihnen Ihre Hände und Finger? Sie können damit einen Menschen liebevoll, mitfühlend oder heilend berühren, ein Buch halten, ein Musikinstrument spielen, Ihr Lieblingsessen zubereiten oder einfach eine Tasse Kaffee oder Tee halten. Unendlich viel ist Ihnen möglich, weil Sie zwei Hände haben, deren Sie sich erfreuen können. Stellen Sie sich diese Freuden ganz genau vor. Würdigen Sie Ihre beiden Hände mit Ihrer Vorstellung und schenken sie ihnen ein inneres Lächeln.

Lenken Sie die Aufmerksamkeit nun zu Ihrer Haut. Sie ist Ihre schützende Begrenzung nach außen. Welche freudigen Erfahrungen verdanken Sie Ihrer Haut? Vielleicht Eindrücke von Wärme oder Kühle auf der Haut, einen Luftstrom, einen angenehmen Schauer oder Geschenke von liebevollen Berührungen? Stellen Sie es sich ganz genau vor, was Sie Ihrer Haut verdanken und denken Sie mit Liebe und Dankbarkeit daran.

Wieder einatmend lenken Sie Ihre ganze Aufmerksamkeit nun zu Ihrem Herzen. Kommen Sie mit jedem weiteren Aus- und Einatmen mehr und mehr mit dem Gefühl in Berührung, wie wunderbar es ist, dieses Herz zu haben, das in Ihrer Brust schlägt. Ihr Herz ermöglicht Ihnen Ihr Leben. Dieses wunderbare Organ ist jede Sekunde, jede Minute, jede Stunde, jeden Tag Ihres Lebens für Sie da. Atmen Sie ein und aus und nehmen Sie sich vor, so zu leben, dass Ihr Herz weiterhin für Sie schlägt ... Und horchen Sie in sich hinein: Wann und wie spüren Sie Ihr Herz? Wie lassen sie es erblühen? Für welche Empfindungen öffnen Sie es, und vor welchen Eindrücken verschließen Sie es?

Richten Sie Ihren Blick nun noch weiter nach innen, zu Ihren anderen inneren Organen. Welche angenehmen Erfahrungen bereiten Ihnen diese inneren Organe? Die Lunge spendet Ihnen den Atem, also Ihre Luft zum Leben. Magen und Darm helfen Ihnen beim Essen, Trinken, Verdauen und Ausscheiden. Welche Nahrung führen Sie ihnen zu? ... Wofür stehen Ihre Leber und die Nieren? Welche Freuden verdanken Sie all diesen inneren Organen? ... Richten Sie Ihre Wahrnehmung auch noch auf Ihr Blut. Vielleicht können Sie spüren, wie es Ihren Körper durchströmt, den Sauerstoff und die Nährstoffe transportiert. Verbinden Sie all Ihre Vorstellungen von sinnlicher organismischer Wahrnehmung wiederum mit den inneren Organen, welche Ihnen solche leiblich-organismisch-seelischen Empfindungen möglich machen. Ein- und ausatmend wissen Sie, wie wichtig und wertvoll Ihre inneren Organe für Ihre Gesundheit und Ihr Wohlbefinden sind. Senden Sie ihnen eine große Portion Dankbarkeit und ein breites Lächeln zu.

Lenken Sie die Vorstellung mit dem nächsten Atemzug schließlich noch auf die Organe, die Sie einzig durch Ihr Dasein als Frau oder Mann besitzen, also auf Ihre Geschlechts- und Sexualorgane. Welche Freuden verdanken Sie ihnen? Wie vermitteln sie Ihnen angenehme, freudvolle Erfahrungen, vielleicht verbunden mit einem Prickeln, mit Erotik, Lust, Sexualität, Liebe? Lassen Sie die angenehmen Erlebnisse in Ihrer Vorstellung wach werden und verbinden Sie sie mit Ihrem einzigartigen Dasein als Mann oder Frau. Fühlen Sie mit Leib und Seele mit sich als Mann oder Frau mit.

(Sollten Sie zu den vielen Menschen zählen, die nicht vorwiegend gute und schöne Erfahrungen mit Berührung, Erotik und Sexualität gemacht haben, sondern denen Übergriffiges, Liebloses, Leidvolles angetan wurde, machen Sie sich mit aller Entschiedenheit bewusst: »Ich bin als Mensch so unendlich viel mehr als diese meine schmerzvollen Erfahrungen«, und fühlen Sie umso stärker mit sich selbst als Frau oder Mann mit.)

Wählen Sie zum Schluss aus: Welches all Ihrer Sinnesorgane oder inneren Organe ist Ihnen persönlich am wichtigsten für die Erfahrung von alltäglicher sinnlicher Freude? Beschäftigen Sie sich in Gedanken einige Augenblicke lang mit diesem Organ ... Legen Sie dann für einen Moment behutsam eine Hand auf dieses Organ. Sollten Sie eine Bewegung im Augenblick als störend erleben, denken Sie bloß würdigend an das Organ.

Durchwandern Sie mit Ihrer Aufmerksamkeit jetzt noch einmal in Zeitlupe Ihren Körper. Bedanken Sie sich bei ihm und jedem einzelnen Teil für die guten Dienste und die Unterstützung beim Wahrnehmen von alltäglicher Freude. Freunden Sie sich bei der Wanderung durch Ihren Körper ausdrücklich mit allen seinen Teilen an, insbesondere auch mit denen, die Sie bisher vielleicht vernachlässigt, abgelehnt oder schlecht gepflegt haben. Sollte es Stressorgane bei Ihnen geben oder gar kranke Körperteile, richten Sie besonders gute Worte an sie. Lenken Sie ein hohes Maß an Liebe und Fürsorge dorthin. Machen Sie sich wiederholt ausdrücklich bewusst, dass es andere Teile Ihres Körpers gibt, die Ihnen sinnliche Freude bereiten, und Teile, die unversehrt und gesund sind. Lassen Sie in Ihrer Vorstellung mit Ihrem Atem Liebe, Kraft und Energie von den starken, gesunden Teilen Ihres Körpers zu den schwächeren oder erkrankten Teilen fließen. Lächeln Sie ihnen mit Liebe und Zuversicht zu. Ich lasse Ihnen für dieses neue Anfreunden mit Ihrem Körper eine Weile Zeit.

Nehmen Sie sich jetzt fest vor, in Zukunft möglichst gut für Ihren leiblichen Körper zu sorgen. Sie werden ihn achten wie einen guten Freund oder eine beste Freundin.

Bekräftigen Sie den Vorsatz, Ihren Körper in Zukunft möglichst gut zu behandeln, noch einmal innerlich ... Auf diese Weise verstärkt oder auch ganz neu mit Ihrem Körper angefreundet, spüren Sie nun wieder, wo der Körper Kontakt zur Unterlage oder zum Boden hat. Ein- und ausatmend sind Sie sich Ihres gesamten Körpers bewusst, der ruhig und entspannt daliegt. Schenken Sie ihm noch einmal ein inneres Lächeln und senden Sie ihm Liebe und Mitgefühl zu ... Kehren Sie nun bewusst in den Raum zurück, indem Sie langsam die Augen öffnen. Nehmen Sie sich noch einen Augenblick Zeit für sich, bevor Sie sich lang strecken und beginnen, sich wieder umzuschauen und behutsam in eine aufrechte Haltung zurückzukehren.

Grundsätzlich kann die Imagination »Sich mit Leib und Seele anfreunden« jedem Menschen, ob weiblich oder männlich, jung oder älter wichtige Erkenntnisse über den Umgang mit der eigenen Körperlichkeit vermitteln. Viele Menschen sind am Ende der Übung darüber erschrocken, wie wenig Gutes sie sich selbst gönnen. Sie begreifen zum ersten Mal, wie achtlos sie mit sich umgehen, und nehmen sich fest vor, in Zukunft achtsamer mit sich zu sein und sich vermehrt Liebesdienste zu erweisen. Wer die Übung wiederholt durchführt, tut sich ohnehin immer schwerer damit, seinem leiblichen Körper weiterhin gedankenlos Schaden zuzufügen. Das würde höchstens noch über eine forcierte Verdrängungsleistung funktionieren. Der Vorgang würde aber ins Bewusstsein drängen und nachdrücklich zur Besinnung auffordern.

HÖREN, WIE STILL ES IST ...

Wann haben Sie zum letzten Mal die Stille gehört, die Stille um Sie herum wie die Stille in Ihrem Inneren? Dass wir vollkommene Stille erleben, ist in unserer von Lärm und Hektik erfüllten Welt eine Rarität geworden. Nicht wenige Menschen sind der Stille derart entwöhnt, dass sie sie nicht ertragen können. Andere dagegen sehnen sie herbei und wünschen sich kaum etwas anderes so sehr, wie dass endlich Stille in ihnen herrsche.

Mit der nächsten meditativen Übung führe ich Sie in die Stille. Die Übung wird in der Du-Form durchgeführt, denn der Teil in Ihnen, der angesprochen wird, bedarf nicht der Höflichkeitsform des förmlichen »Sie«. Ich gebe die Übung auch in ihrer Verschriftung so wieder, wie ich sie in ihrer Vertonung anleite.

Übung

12

Reise in die Stille

Schließe für diese »Reise in die Stille« nach Möglichkeit alle störenden Einflüsse von außen aus. Lege dich auf einer gut tragfähigen Unterlage bequem auf den Rücken, so dass du alle Spannungen in deinem Körper loslassen kannst. Lege dir ein kleines Kissen unter den Kopf, so dass dein Kopf weich aufliegt und dein Nacken nicht überstreckt ist. Schließe die Augen. Deine Arme ruhen sanft auf beiden Seiten deines Körpers, die Handflächen zeigen geöffnet nach oben. Spüre, wo dein Körper mit den Fersen, den Rückseiten der Beine, des Gesäßes, des Rückens, der Hände und der Arme Kontakt zur Unterlage oder zum Boden hat ... Spüre auch, wie dein Kopf die Unterlage berührt ... Achte auf deine Atmung und nimm dabei sorgsam wahr, ob du mehr in die Brust hinein atmest oder mehr in deinen Bauch hinein ... Nimm einige Atemzüge lang wahr, wie du atmest, dass du atmest und dass dein Atem kommt und wieder geht, ohne dass du etwas dafür tun müsstest. Mache dir einen Augenblick bewusst, dass das Atmen in deinem Leben etwas ist, wofür du dich normalerweise in keiner Weise anzustrengen brauchst, denn dein Atem kommt mit fließender Leichtigkeit und er geht mit fließender Leichtigkeit ganz von alleine ... Wenn du magst, vertiefe deine Atmung ein wenig ... Und bringe sie schließlich in Ordnung, indem du deinen Atem gezielt in deinen Bauch hinein lenkst. Nur deine Bauchatmung ist kräftigende Atmung. Ihr wohnt deine Lebenskraft inne. Atme ruhig und tief in deinen Bauch hinein, so dass sich deine Bauchdecke mit jedem Ein- und Ausatmen hebt und senkt ... Und mit jedem Ein- und Ausatmen lasse deinen Körper noch ein wenig tiefer und tiefer in die Unterlage oder auf den Boden sinken ... Bereite dich mit den nächsten Atemzügen nun innerlich auf eine kleine Reise in die Stille vor.

Jetzt da deine Augen geschlossen sind, machen sich deine anderen Sinne stärker bemerkbar. Was siehst und spürst du hinter deinen geschlossenen Augenlidern? Ist da bloß noch Dunkel oder gibt es noch Licht zu sehen?

Lenke deine Aufmerksamkeit, soweit du kannst, auf dein Gehör und mache dir bewusst, welch ein Geschenk des Lebens es ist, über zwei Ohren zu verfügen, mit denen du hören kannst.

Nimm ganz bewusst, ganz wach und achtsam lauschend die leisesten Nebengeräusche und Töne um dich herum wahr. Versuche alle Geräusche im Raum zu hören und zu unterscheiden ... Vielleicht feinste eigene Bewegungen von dir auf deiner Decke oder Unterlage, ... das Rascheln deiner Kleidung, deinen eigenen Atem, wie er in dich ein- und ausströmt ... vielleicht den Atem eines anderen Menschen, der noch mit dir im Raum ist, oder vielleicht ein Räuspern, Hüsteln oder Seufzen, eine Bewegung, ein Geräusch von anderen Menschen in der Wohnung, im Haus, außerhalb des Hauses. Nimm einfach nur alles wahr. Bewerte nichts. Bewerte gar nichts.

Konzentriere dich auf deinen Atem. Du kannst deinen eigenen Atem hören, wie er in dich einströmt und wieder ausströmt, leicht und fließend, leicht und fließend.

Richte deine Aufmerksamkeit noch mehr nach innen. Vielleicht hörst du sogar in deinen Ohren oder in deinem Körper dein Blut durch deine Adern rauschen.

Sicherlich nimmst du auch weiterhin Geräusche wahr, die von außerhalb des Raumes zu dir getragen werden. Sind da gerade welche? Vielleicht Schritte auf einer Treppe oder rauschende Wasserleitungen im Haus, zwitschernde Vögel oder spielende Kinder draußen? Oder Motorengeräusche von Fahrzeugen in deiner Straße? Lärm von einer Baustelle in der Nähe? Nimm wahr. Bewerte nichts. Gib nichts von allem eine Bedeutung, denn nichts hat jetzt Bedeutung für dich. Außer der Stille hinter all dem, das du wahrnehmen kannst.

Und nun versuche tatsächlich die Stille wahrzunehmen und zu hören, die hinter allen Geräuschen und Tönen liegt. Diese Stille, die immer existiert, hinter allem Lärm, hinter allem Hörbaren, die aber so oft übertönt, zugedeckt ist. Und doch kann die Stille aus jedem Geräuschpegel und Klangteppich auftauchen, hörbar werden. Versuche jetzt, in diese hörbare Stille einzutauchen, gehe ganz hinein in diese Stille ... gehe hinein, tiefer und tiefer ... und noch tiefer.

Vielleicht kannst du die Stille auch mehr spüren als hören. Es ist eine besondere Art der Wahrnehmung, die die Stille erkennt und liebt. Suche dir diese Augenblicke der Stille, der tiefen Ruhe. Fange die Stille ein mit deiner Aufmerksamkeit und stelle dir vor, wie du sie in deinen Körper leitest. Du nimmst die Stille hinein in deinen Körper.

Lasse diese Stille in deinen Körper einkehren, die Stille, die hinter all den Geräuschen des Alltags verborgen vorhanden ist. Lasse diese Stille sich langsam in deinem Körper ausdehnen, den Raum in deinem Inneren füllen. Die Stille dehnt sich aus in dir. Sie dehnt sich bis in jede Zelle deines Körpers aus. Die Stille bringt dich zur Ruhe. Du wirst still und ruhig. Der Lärm in dir selbst ebbt ab, wird still und ruhig ... In dir wird es still und ruhig ... Deine Gedanken werden still und geben Ruhe. Die Stille bewirkt ein tiefes Gefühl von innerem Frieden in dir, ein Gefühl der Ausgeglichenheit, der tiefen körperlichen, geistigen, seelischen Entspannung. Es gibt nichts mehr zu tun. Es gibt nichts mehr zu wissen. Es gibt nichts mehr zu denken. Es gibt nichts mehr zu bewerten. Es gibt nichts mehr zu kontrollieren.

Es gibt nichts zu tun. Es gibt nichts zu denken, nichts zu wissen. Es gibt nichts zu kontrollieren. Es gibt nichts zu wissen, nichts zu denken, nichts zu kontrollieren. Da ist Stille und innerer Frieden.

Mit jedem neuen Atemzug, mit jedem weiteren Herzschlag nimmst du mehr und mehr von dieser Stille in dir auf ... Du kannst der Stille zusehen, wie sie sich immer weiter und weiter in deinem Körper ausdehnt, wie sie dichter wird. Vom Scheitel bis zur Sohle, in jeder Region, jeder Zelle deines Körpers bist du von Stille durchdrungen. Du bist erfüllt von tiefem innerem Frieden. Es ist als würdest du leicht und schwerelos auf dieser Stille schweben, als würde dich die Stille sanft wiegen. Du bist die Stille, die Stille ist in dir.

Und jetzt wird auch meine Stimme gleich still verklingen. Ich lasse dich für einige Zeit in der Stille ruhen und verweilen. Da ist sonst nichts mehr, gar nichts, nur die Wohltat von Stille und innerem Frieden. Gib dich dieser Stille hin, verweile in ihr, bis du nach ein paar Minuten meine Stimme wieder in die Stille kommen hörst.

Nun hörst du meine Stimme wieder in die Stille kommen. Nimm bewusst und achtsam deinen gesamten Körper wahr, wie er erfüllt ist von Ruhe und Frieden und wie er in diesem Raum hier auf dem Boden aufliegt, Kontakt zu Mutter Erde hat. Deine Augen sind weiterhin geschlossen. Konzentriere dich mit deiner Aufmerksamkeit auf die leisen und kleinen Geräusche um dich herum und achte dann auch auf diesen Ton, den du gleich für eine Weile hören wirst. Er nimmt die Stille nicht weg, sie zieht sich nicht wieder völlig aus dir und deinem Körper zurück, sondern der Ton enthält in sich selbst wieder eine höchste Form von Stille. Lasse dich von diesem Ton tragen, schwebe eine Weile auf ihm, schwebe auf ihm, so lange er andauert. Lasse dich von diesem Ton tragen und geleiten, bis er langsam verklingt.

Nachdem der Ton jetzt verklungen ist, besteht die Stille weiter fort. Sie ist immerwährend da, sobald du sie wahrnehmen und in sie eintauchen möchtest. Wenn du die Stille wiederfinden möchtest, findest du sie. Die Stille ist immerwährend. Für den Moment macht sie aber wieder deiner alltäglichen Aktivität Platz. Du öffnest langsam die Augen. Deine Augen sind offen und du bist ganz wach und setzt dich langsam auf.

DER ATEM
ALS UNSERE LEBENSKRAFT

Am Anfang ist der Atem: Er ist Leben und Präsenz. Der Atemstrom kommt und geht, spendet und erhält unser Leben. Kommt er dauerhaft zum Stillstand, endet unsere Existenz. Wir können weder in unserer Mitte sein noch unsere Kraft oder unser Herz richtig spüren, sofern wir uns selbst mit zu wenig Luft versorgen, also uns die Luft zum Leben vorenthalten. Es geht uns nicht gut. Denn unser Atem ist unser Maß der Dinge. Er ist ein Energiestrom, der uns mit vitaler, organischer Lebenskraft versorgt. Die vitale Zirkulation des Atemstroms ist ein unablässiges Kommen und Gehen, ein Hereinnehmen und ein Loslassen. Jeder Atemzug verheißt Erneuerung.

Unser Atem steht uns überall zur Verfügung, um unser inneres Spannungs- und Erregungsniveau zu regulieren. Nahezu jeder Mensch hat heute von Atemübungen gehört und davon, wie viel sie vermögen. Ob er sie jedoch auch als ein »Fahrzeug des Geistes« anwendet, ist eine andere Frage. Es zu tun, steht jedem jederzeit frei. In diesem Sinne biete ich Ihnen hier eine Atemübung in zwei Teilen für jeden Tag und jede Situation an. Mit der nachfolgenden Übung bereite ich Sie zudem auf Übungen vor, die sich auf weitere Ebenen als allein die körperliche erstrecken.

Übung

13

Den Atem durch den Körper leiten | Teil 1 der Atemübung

Setzen Sie sich bequem an einem ruhigen Ort hin und schließen Sie die Augen. Falls es Ihnen nicht möglich ist, die Augen zu schließen, fixieren Sie einen Punkt auf dem Boden, etwa einen Meter vor Ihren Füßen. Nehmen Sie eine bequeme Haltung ein. Spüren Sie, wo Ihr Körper Kontakt zur Lehne, zum Sitz oder zum Boden hat. Achten Sie auf Ihre Atmung und nehmen Sie dabei bewusst wahr, ob Sie mehr in die Brust oder mehr in den Bauch hinein atmen ... Nehmen Sie das ganz aufmerksam wahr ... Bemerken Sie, dass Sie eher in die Brust atmen, bringen Sie Ihre Atmung in Ordnung, indem Sie Ihren Atem gezielt in den Bauch hinein lenken ... Atmen Sie bewusst mit dem Bauch ... Ihre Bauchatmung spendet Ihnen Ihre Lebenskraft ... Nehmen Sie nun einige Atemzüge lang wahr, wie Sie in den Bauch hinein atmen, dass Sie überhaupt atmen und dass Ihr Atem dabei kommt und wieder geht, ohne dass Sie mühevoll etwas dafür tun müssen ... Machen Sie sich einen Augenblick bewusst, dass das Atmen in Ihrem Leben etwas ist, wofür Sie sich normalerweise nicht anzustrengen brauchen.

Ihr Atem kommt und geht von alleine. Als Einatem strömt er leicht und fließend In Sie ein und als Ausatem wieder aus Ihnen heraus. Es gibt da in Ihrem Leben also zumindest einen Bereich, der ganz und gar ohne Anstrengung funktioniert. Machen Sie sich das noch einmal ausdrücklich bewusst. Und machen Sie sich bewusst, dass Ihr Atem in Ihrem Leben das Erste ist, was kommt, und das Letzte ist, das geht. Dazwischen sind Sie mit Ihrem ganz einzigartigen Leben. Ihr Atem ist das Erste, das kommt, und das Letzte, das geht. Und nun beginnen Sie damit, Ihren Atem bewusst etwas zu vertiefen. Atmen Sie langsam tiefer ein und aus ... Ihr Atem kommt und Ihr Atem geht wieder ... Nehmen Sie ganz genau wahr, wie bei jedem Einatmen die Luft zum Leben in Sie einströmt und bei jedem Ausatmen wieder aus Ihnen herausströmt, um Raum zu schaffen für einen neuen Atemzug ... Nehmen Sie auch den kleinen Zwischenraum wahr, der zwischen Ihrem Aus- und Einatmen liegt ... Spüren Sie die Temperatur der Luft, die Sie einatmen und die Sie eine kleine Weile später wieder ausatmen ... Können Sie die leichte Bewegung Ihrer Nasenflügel spüren, während Sie einatmen? Sie nehmen in allen Einzelheiten wahr, wie sich bei jedem Einatmen Ihre Bauchdecke wölbt und sich Ihre Flanken durch die Luft weiten, welche Sie in sich einströmen lassen ... Ihr Brustkorb hebt sich nur wenig mit an. Bei jedem Ausatmen spüren Sie umgekehrt, wie Ihre Bauchdecke und die Flanken sich wieder leicht einziehen und Ihre Brust sich sachte senkt ... Verfolgen Sie diese Wahrnehmungen für einige weitere Atemzüge.

Und nun stellen Sie sich vor, dass Sie Ihren Atem bei jedem Ausatmen durch Ihre Arme fließen lassen. Stellen Sie sich genau vor, wie Sie den Ausatem durch Ihre beiden Oberarme, die Unterarme und ihre Hände schicken und ihn schließlich durch die Fingerspitzen wieder austreten lassen ... Es mag sein, dass Sie es richtig körperlich spüren können, wie Ihr Ausatem durch Ihre beiden Arme fließt. Nehmen Sie es vielleicht als leichtes Kribbeln oder tatsächlich als ein körperlich spürbares Dahinströmen wahr? ... Oder ist es eher so, dass Sie den Weg Ihres Atems durch die Arme und die Hände bloß bildlich in Ihrer Vorstellung verfolgen? ... Es gibt kein Richtig oder nicht Richtig, es gibt bloß Ihre Wahrnehmung.

Bleiben Sie für einige Atemzüge bei dieser Wahrnehmung.

Und jetzt stellen Sie sich bitte vor, dass Sie Ihren Atem beim Ausatmen durch Ihren gesamten Körper schicken. Sie lassen ihn langsam durch Ihren Brustkorb, durch den Bauch und Ihr Becken, die Oberschenkel und die Unterschenkel wandern, bis Sie ihn durch ihre Fußsohlen in die Erde verströmen ... Nach einer kleinen Pause, welche Sie als ganz selbstverständlich registrieren, atmen Sie wieder tief und ruhig ein, um mit dem nächsten Ausatem die Luft wieder durch Ihren ganzen Körper zu schicken, bis sie an den Fußsohlen schließlich wieder austritt und in die Erde eintritt ... Ruhig und regelmäßig folgen Sie in Ihrer Vorstellung diesem Atemrhythmus ... Gelingt Ihnen die Vorstellung, wie Ihr Ausatem Ihren gesamten Körper durchströmt? Falls die Vorstellung schwierig sein sollte, Ihren Atem beim Ausatmen so durch Ihren ganzen Körper zu leiten, nehmen Sie die Schwierigkeiten einfach beiläufig wahr und bleiben Sie trotzdem weiterhin bei dem Versuch dieser Vorstellung. Fällt die Vorstellung dagegen leicht, verfolgen Sie für einige weitere Atemzüge, wie Sie einatmen und Ihren Atem beim Ausatmen durch Ihren Körper schicken. Sie können seinen Weg durch Ihren Körper genau verfolgen ... Vielleicht können Sie sogar richtig körperlich spüren, wie Ihr Ausatem durch den Körper fließt. Ist es ein leichtes Kribbeln oder tatsächlich ein körperlich spürbares Dahinströmen? ... Oder ist es eher so, dass Sie den Weg Ihres Atems durch den Körper bloß bildlich in Ihrer Vorstellung verfolgen? ... Es gibt kein Richtig oder nicht Richtig, es gibt bloß Ihre Wahrnehmung.

Mit Ihrer Wahrnehmung ganz bei Ihrem Atem atmen Sie ohne Hast und Eile ruhig weiter. Ihr Atem kommt, er erfüllt sie mit Luft zum Leben, und Sie schicken ihn beim Ausatmen auf die Reise durch Ihren Körper bis er an den Fußsohlen wieder austritt. Ihr Atem kommt und Ihr Atem geht, gleichmäßig fließend, ... ruhig, ... beruhigend, ... ruhig, ... beruhigend ... Ihr Atem fließt, er strömt ein und er strömt wieder aus, ... er kommt und er geht.

Und vielleicht stellt sich nach etlichen weiteren Atemzügen sogar das Gefühl ein, dass gar nicht mehr Sie es sind, der atmet, sondern dass es sie atmet, ganz selbstverständlich, ohne jegliche Mühe, ohne die leiseste Anstrengung, ohne wirkliches willentliches Zutun. Es atmet sie, und Sie können sich dem vollkommen ruhig und entspannt überlassen.

Falls sich dieses Gefühl nicht oder noch nicht einstellt, ist es auch nicht weiter schlimm. Dann atmen Sie ganz einfach ruhig für sich weiter und verfolgen, wie Ihr Atem kommt und wie er wieder geht, gleichmäßig, ruhig, beruhigend.

Falls Sie mögen, lassen Sie Ihren Atem noch für einige Atemzüge weiter kommen und wieder gehen, ... öffnen Sie dann langsam wieder die Augen, strecken Sie sich wohlig und gönnen Sie sich einen letzten Moment achtsam präsenter Besinnung, bevor Sie sich wieder Ihrem Tagesgeschehen zuwenden.

Die Formulierung: »Es atmet mich«, ruft seit den Anfängen der New-Age-Bewegung und der Atemarbeit bzw. Atemtherapie täglich neue Skeptiker auf den Plan, die spotten und abwerten, ohne zu wissen oder nur zu ahnen, was gemeint ist und worum es geht. Wer nur ein einziges Mal leibhaftig erlebt hat, was dieses »Es atmet mich« meint und wie es sich anfühlt, gelangt zu einer authentischen Sichtweise und erkennt den Sinn und Wert dessen, was die Formulierung ausdrückt.

Zu Ihrem Atem kommt im zweiten Teil der Übung ein weiteres existenziell bedeutendes Element hinzu: das Licht. Die gerade vollzogene Atemübung mit dem Ziel konzentrierter Präsenz wird auf diese Weise zu einer Atem- und Lichtarbeit, die die eigenen Kräfte steigert. Die nachfolgende Übungsanleitung schließt sich dem ersten Teil, das heißt der Anleitung zu »Den Atem durch den Körper leiten« direkt an. Das heißt: Die Übung »Atem und Licht durch den Körper leiten« kann als Fortsetzung der vorherigen Anleitung praktiziert werden .

Übung

14

Atem und Licht durch den Körper leiten | Teil 2 der Atemübung

Ihr Atem kommt und er geht wieder, gleichmäßig, ruhig, beruhigend.

Und nun stellen Sie sich bitte zusätzlich vor, wie Sie Ihrem Atem eine Farbe geben, die Farbe eines Lichts. Welche lichte Farbe bekommt dann Ihr Atem? ... Stellen Sie sich Ihren Atem mit seiner lichten Farbe genau vor, und dann atmen Sie weiter, ruhig und vertieft.

Stellen Sie sich nun vor, wie bei jedem Einatmen nicht bloß Ihr Atem, Ihre Luft zum Leben, in Sie hineinströmt, sondern gleichzeitig mit Ihrem Atem werden Sie von der lichten Farbe Ihres Atems erfüllt. Welche lichte Farbe bekommt Ihr Atem? Sie sehen Sie genau vor Ihrem inneren Auge. Mit jedem Atemzug nehmen Sie beim Einatmen dieses farbige Licht in sich hinein. Zusammen mit Ihrem Atem füllt strahlend helles Licht Ihren Brustkorb, ... es erreicht Ihre Herzgegend und breitet sich in Bauch und Becken aus ... Mit jedem Atemzug fühlen Sie sich mehr und mehr von diesem Atemlicht erfüllt und von innen erleuchtet. Gelingt diese Vorstellung? Können Sie sehen, wie Atem und Licht in Sie einströmen?

Und nun stellen Sie sich wieder vor, wie Sie Ihren Ausatem durch Ihren gesamten Körper schicken. Sie lassen ihn langsam durch die Brust und den Bauch und das Becken fließen, leiten ihn weiter durch die Oberschenkel und Unterschenkel, bis Sie ihn schließlich an den Fußsohlen wieder austreten und in die Erde eintreten lassen ... Sie können seinen Weg durch Ihren Körper genau verfolgen, entweder, weil Sie das Durchströmtwerden von Ihrem Ausatem regelrecht körperlich spüren können oder weil Sie den Weg des Ausatems in Ihrer Vorstellung verfolgen.

Stellen Sie sich jetzt zusätzlich vor, wie mit jedem Ausatmen nicht bloß Ihre Atemluft, sondern gleichzeitig auch die lichte Farbe Ihres Atems Ihren

Körper durchfließt. Farbiges Licht strömt von Ihrem Brustkorb durch Bauch und Becken in Oberschenkel und Unterschenkel, um zusammen mit dem Atem an den Fußsohlen wieder aus Ihrem Körper auszutreten. Atem und Licht fließen gemeinsam durch Sie hindurch, treten aus Ihrem Körper aus und strömen mit jedem neuen Einatmen unverbraucht wieder in Sie hinein. Sie fühlen sich von Atem und Licht erfüllt und erleuchtet. Beides strömt ein, beides strömt aus. Beides kommt, beides geht, Atem und Licht ... Es gibt die Luft zum Leben in Ihrem Leben und es gibt strahlendes Licht, das Sie jederzeit mit Ihrem Atem in sich hineinfließen lassen können.

Stellen Sie sich nun vor, dass Sie alle Beschwernis des Tages, allen Ärger, allen Unmut, alle Selbstzweifel, alle Last auf Ihren Schultern, alle Trübsal, jeden Zorn, jedes ungute Gefühl, das Ihnen als ungesunde Seelennahrung die Lebensfreude zu vergällen droht, anheften an Ihren Ausatem. Gebunden an Ihren Atem lassen Sie alles, dessen Sie sich auf diese Weise entledigen möchten, durch Ihren Körper abfließen und durch die Fußsohlen in die Erde hineinfließen ... Wiederholen Sie das in Ihrer Vorstellung so lange, bis Sie sich gereinigt und befreit fühlen ...

Erfrischt, gekräftigt und beruhigt öffnen Sie nun langsam wieder die Augen, strecken sich wohlig und gönnen sich einen letzten Moment wacher Besinnung, bevor Sie sich wieder Ihrem weiteren Tagesgeschehen zuwenden.

Bewahren Sie Ihr Licht sorgfältig. Es wird Sie von nun ab weiter begleiten.

SO VIEL GEDANKEN-ARBEIT MUSS SEIN – EIN ÜBERLEITUNGS-KAPITEL

Als ich vor etlichen Jahren in Hamburg eine Fortbildung für zwei Drogen- und Suchtberatungsstellen durchführte, die Interesse an meinem Verständnis von Sucht und meinem therapeutischen Arbeiten hatten, beschrieb ein erfahrener Kollege dort seine Strategien der Abgrenzung gegenüber süchtig abhängigen Menschen. Noch bevor ich bewusst nachgedacht hatte, hörte ich mich sagen: »Das Wort ›Abgrenzung‹ benutze ich schon seit langem nicht mehr. Ebenso wenig ›professionelle Distanz‹. Beide Begriffe halte ich heute für Kategorienfehler.« Manchmal überrasche ich mich selbst. Erst nachdem ich diese Sätze geäußert hatte, wurde mir selber konzeptionell klar, was ich damit zum Ausdruck gebracht hatte. Praktisch hatte ich schon seit langem auf einer veränderten theoretischen Grundlage gearbeitet, mir die gefühlte Veränderung bislang allerdings theoretisch noch nicht bewusst gemacht. Es war nicht notwendig gewesen. Die Veränderung hatte sich still und leise, unspektakulär und selbstverständlich ergeben.

Nichts hat mich persönlich als Mensch wie auch meine Arbeit in den letzten Jahren so spürbar verändert wie mein Mich-Üben in der menschlichen Tugend des Mitgefühls. Mitgefühl ist eine ganz besondere Herzensqualität und ein Geisteszustand. Leben und Arbeiten im Geiste des Mitgefühls haben in mir zu einer inneren Transformation geführt. Damit einher geht die Integration völlig neuer therapeutischer Methoden in meine alltägliche Arbeit. Einige davon werden Sie im Anschluss für Ihren Hausgebrauch kennenlernen.

Habe ich früher ganz traditionell in den erlernten therapeutischen Schulweisheiten der Abgrenzung und professionellen Distanz gedacht und gearbeitet, lebe ich heute den menschlichen wie professionellen Gegenentwurf zu beiden Schlagworten. Ganze Generationen von Menschen in helfenden und heilenden Berufen – Mediziner, Psychotherapeuten, Sozialpädagogen usw. – wurden in Studium und Ausbildung darauf gepolt, sich diese Begrifflichkeiten im Hinblick auf ihre innere Haltung in Fleisch und Blut übergehen zu lassen. Manche Ärzte und Psychotherapeuten waren und sind mitunter sogar regelrecht stolz darauf, wie gut sie sich mit ihren erlernten professionellen Strategien abzugrenzen wissen. Dass diese Abgenzung mit zum Teil verheerenden Folgen für die Helfenden und Heilenden selbst wie für ihre Klienten und Patientinnen einhergeht, entgeht ihnen. Schlagworte können ohne Absicht schwere Wunden zufügen. Im Zuge meiner eigenen Umorientierung hat die innere Haltung der Abgrenzung und Distanz wachsendes Unbehagen in mir ausgelöst. Heute kann ich in dieser Haltung nur noch einen Denk- bzw. Gefühls-Fehler erkennen. Ich empfinde dadurch keinerlei theoretischen oder therapeutischen Verlust, dagegen aber einen unschätzbar hohen ideellen Gewinn.

An die Stelle eines Denkens und Handelns in Kategorien der Abgrenzung und professionellen Distanz hat sich ein Verständnis der mitfühlenden Verbundenheit geschoben. Dieses Arbeitsverständnis ist jedoch nicht mit einem der Distanzlosigkeit oder der Verschmelzung zu verwechseln. Da es bei ihm mehr um ein Sehen und Spüren als ums Denken geht, lässt es sich mit Worten viel schwieriger als die alten Konzepte erklären. Verbundenheit ist im Grunde nichts anderes als eine gelebte Mitgeschöpflichkeit, die von Mitgefühl, Achtsamkeit und liebender Güte getragen ist.

Mit einer inneren Haltung des Mitgefühls geht das Arbeiten bedeutend leichter, freudvoller und erfolgreicher von der Hand. Musste ich mich, als ich noch unhinterfragt den alten Konzepten folgte, gelegentlich regelrecht um Abgrenzung bemühen, ist dieses Mühen völlig aus meinem Leben und Arbeiten verschwunden. Eine Haltung der Verbundenheit unterstützt das Mitgefühl, löst dadurch aber weder die vorhandenen Personengrenzen auf noch führt sie zu Distanzlosigkeit. Sie bringt eine innere Leichtigkeit mit sich, die dem Verhältnis zwischen Therapeut und Klienten gut tut. Ich habe seit Jahren weder von Suchtklienten noch von anderen Patienten und Klienten verbale oder körperliche Übergriffigkeiten, Angriffe oder Provokationen mehr erleben müssen. Die Menschen, mit denen ich arbeite, danken mir den inneren Wandlungsprozess, den ich vollzogen habe. Der Geist der Verbundenheit ruft eine schöne menschliche Resonanz hervor, die sich meiner Erfahrung nach durchweg positiv auf die therapeutische Arbeit und ihre Erfolgschancen auswirkt.

Ich denke auch verstärkt über den therapeutischen Widerstand nach. Zweifellos existieren in uns Menschen vielerlei Widerstände gegen manche Formen von Veränderung. Wir tun uns häufig schwer, uns selbst zu verändern, können deshalb auch therapeutische Widerstände mobilisieren und zeigen. Wir können uns sogar als veränderungsresistent erweisen. Im Kontext dieses Buches sind es allein Ihre eigenen inneren Boykotteure, die sich als hartnäckige Widersacher erweisen und Ihnen auf einem eingeschlagenen Veränderungsweg Steine in den Weg legen können. Ich glaube darüber hinaus, dass der oft beschworene Widerstand in vielen Fällen eine theoretische Beschönigung der Tatsache ist, dass Menschen in helfenden Berufsfeldern mit ihrer herkömmlichen therapeutischen oder sozialpädagogischen Kompetenz unter erschwerten Bedingungen immer häufiger nicht mehr weiter wissen. Im geschützten Rahmen gestehen immer mehr von ihnen ihre Rat- und Hilflosigkeit ein.

Menschen gehen viel eher in eine Haltung des Widerstands, wenn sie das Gefühl haben, dass ihnen ihr Gegenüber gar nicht richtig zuhört, sie nicht wirklich wahrnimmt, wenn sie sich nicht gesehen oder sogar angegriffen und entwertet fühlen. So reagieren sie auch auf eine sich abgrenzende und professionell distanzierende Haltung schnell ebenso mit Distanz, fühlen sich von einer solchen Haltung herausgefordert oder erwidern sie mit destruktiver Resonanz. Ganz anders sieht es aus, wenn der Arzt oder Therapeut ihnen mit verbundener Offenheit begegnet.

Es ist nicht einmal so, dass Menschen in helfenden Berufen nicht offenen Herzens arbeiten und Mitgefühl zeigen wollen. In vielen Arbeitskontexten können oder dürfen sie es schlichtweg nicht mehr. Nicht selten müssen sie eigene aufkeimende Gefühle verdrängen oder gänzlich verleugnen. Wer sich in durchrationalisierten, vom ökonomischen Denken beherrschten klinischen, psychiatrischen oder psychotherapeutischen Einrichtungen an standardisierten Behandlungsplänen und Therapieprogrammen entlanghangeln muss oder aufgrund seines eigenen Arbeitsethos nur auf wissenschaftlich gesicherte, evidenzbasierte Verfahren vertraut, strahlt schwerlich noch Offenheit im Denken und Fühlen aus. Würden Standardisierung und Evidenzbasierung halten, was sie versprechen, müssten wir uns kaum Gedanken darüber machen, weshalb derart viele Hilfesuchende ihre ambulante oder stationäre Psychotherapie entweder vorzeitig abbrechen oder im Nachhinein enttäuscht resümieren: »Das hat mir nicht besonders viel gebracht. Es geht mir nicht wirklich besser« – bzw. sogar feststellen: »Hätte ich vorher gewusst, wie das läuft, hätte ich mich gar nicht erst darauf eingelassen.« Solche Stimmen sind selbstverständlich nicht immer das Fazit, das gezogen wird. Es gibt durchaus auch hilfreiche und heilsame Therapieverläufe. Doch viel zu häufig werden nicht oder wenig gelungene Therapieversuche bezeugt.

Womöglich haben Sie manches von dem, was heute in den helfenden und therapeutischen Berufsfeldern üblich und Alltag ist, sogar schon am eigenen Leib und an der eigenen Seele erlebt. Schließlich suchen immer mehr Menschen im Laufe ihres Lebens mindestens einmal psychotherapeutische Hilfe. Vielleicht haben Sie sogar aus einer unbefriedigenden Erfahrung heraus zu diesem Buch gegriffen und wollen nun in Eigenregie die nächsten Schritte zu einem besseren und gesünderem Lebensgefühl gehen. Dann begreifen Sie »Gib deiner Seele Raum« als eine weitere Chance und nicht als ultimative Rettung.

Auf meinem langen Weg zu mir selbst, mit dem ein privater und beruflicher Wandlungsprozess einherging, haben mich innere Bilder, imaginative Übungen und meditative Führungen unterstützt, die in keiner Weise dem Mainstream unseres materialistisch ausgerichteten Welt- und Menschenbildes entsprechen. Sie enthalten ein dem Materialismus entgegengesetztes

Verständnis von Heilung und knüpfen mit diesem Verständnis an das menschliche Potenzial an, das wir in uns tragen. Auf diese Weise lassen sie uns Mensch sein und erlauben uns, das Wertvollste, was wir in uns tragen, zu entdecken und zur Blüte zu bringen: unsere Fähigkeit zur Liebe.

Die Übungen, die ich Ihnen im zweiten praktisch anleitenden Teil dieses Buches anbiete, gehen weit über die Basisübungen des ersten Teils hinaus. Während die Übungen im ersten Teil vor allem der Bodenhaftung und Verwurzelung dienten, öffnen die nun im zweiten Teil folgenden Übungen eine Tür, die in wärmere, hellere und freundlichere Gefilde führt. Wärmer, heller, friedvoller ist es dort immer. Doch manchmal dürfen sich in den sich eröffnenden Räumen voller Wärme, Licht und Liebe sogar heilsam empfundene Veränderungen vollziehen. Sie führen zu gesteigerter Lebensqualität.

WIR ÖFFNEN
EINE NEUE TÜR:

LICHTIMAGINATIONEN
UND MEDITATIONEN
FÜR MEHR
LEBENSQUALITÄT

Die Übungen dieses Kapitels begreifen die Welt in einem anderen als den materialistisch verengten Geist. Licht-, Herzens- und Vergebungsübungen öffnen Türen und Wege in die Bereiche von Spiritualität und Transzendenz. Sie beinhalten eine Kraft, die auf einer tieferen Ebene heilsame Wirkungen entfalten kann. Dabei bleiben wir einem Bewusstsein verbunden, das auf Mitgefühl, Liebe und Offenheit basiert. Wer dagegen eine spirituelle Praxis in der Logik eines ehrgeizigen Egos betreibt, das nach einer immer noch höheren, noch transzendenteren, noch spirituelleren und am besten gar erleuchteten Version des Lebensheils strebt, läuft ebenfalls Gefahr einer materialistischen Verengung zu erliegen. Der »spirituelle Materialismus«, den Chögyam Trungpa, einer der Wegbereiter des tibetischen Buddhismus im Westen, als Falle beschreibt, ist in seiner Ich-Bezogenheit eine perfekte Selbst-Täuschung. Die Übungen dieses Kapitels sind darauf ausgerichtet, das Selbst und die Selbstliebe zu stärken, und nicht darauf, das Selbst zu täuschen und durch einen niemals erfüllbaren Ehrgeiz und ein falsches Versprechen zu schwächen.

WO LICHT IST, IST SCHATTEN, ABER KEIN DUNKEL

Meditative Lichtimaginationen besitzen eine ganz besondere Kraft. Dabei knüpfen sie an unser menschliches Potenzial an. Licht ist Nahrung. Es gehört zu unserem Leben wie unser tägliches Brot. Wir alle beziehen einen Großteil unserer Lebensenergie aus ihm. Ohne Sonnenlicht können wir nur begrenzt leben, werden leichter niedergeschlagen oder sogar depressiv. In allen Gotteshäusern und Tempeln, an sämtlichen Gebets- und Weihestätten dieser Welt zünden Menschen jeglicher Herkunft und aller Hautfarben Gedenkkerzen, Butterlampen oder Öllichter an und feiern Lichterfeste. Intuitiv setzen wir Menschen auf die symbolische Kraft des Lichts und vertrauen in unseren heiligen Handlungen auf die Macht des Lichts.

Zünden wir in privaten Räumen Kerzen an, sind es in der Regel Besinnlichkeit, Ruhe, Feierlichkeit, Romantik oder Trost, die wir suchen, erzeugen wollen oder herbeiwünschen. Licht hat in vielen Lebenszusammenhängen eine symbolische Bedeutung. Wir können in unserem eigenen Licht erstrahlen oder es klein halten. Wir hoffen darauf, dass in unserem Leben beständig ein Licht leuchtet, uns den Weg weist und uns erhellt. Nicht nur Buddhisten glauben, dass alle Bewusstseinsformen aus der Dimension des klaren Lichts hervorgehen und sich auch wieder darin auflösen. Das natürliche klare Licht des Geistes steht für Unvergänglichkeit. Legt sich Dunkel über unsere Seele, geht es uns schlecht. Negative, uns stark belastende Gefühle bringen wir mit Dunkelheit in Verbindung. Wir empfinden ungünstige Energien sogar als schwarze Energien. Schwarze Magie wird stets von dunklen Mächten ausgeführt.

Da Menschen oft vorschnell in Polaritäten denken, braucht es eine Erklärung, wie Sie die Symbolik: »Wo Licht ist, ist Schatten, aber kein Dunkel«, verstehen sollten. Es geht nicht darum, Licht gegen Dunkelheit, Herz gegen Verstand, Seele gegen Materie oder Gut gegen Böse auszuspielen. Ich unterstütze kein Denken in Gegen-Strukturen. Das Licht bekämpft die Dunkelheit nicht, denn die Vorstellung, dass etwas gegen etwas kämpft, gibt dem Bekämpften Kraft und macht es somit stärker. Wo Licht ist, ist daher auch Schatten. Beides gehört zusammen. Mit beidem können wir leben und uns einverstanden erklären. Denn Schatten ist nicht mit dem absoluten Dunkel oder der Finsternis gleichzusetzen.

Fangen wir mit beiden Füßen auf dem Boden mit einer Lichtübung an, die wirksamen Schutz gegen vielerlei Belastungen ermöglicht. Nachdem erlernte Abgrenzungsstrategien sich als zu wenig heilsam erwiesen hatten, habe ich sie auf der persönlichen Suche nach einem wirksameren Instrument der Selbstfürsorge bereits vor vielen Jahren als Alternative entwickelt.

Inspirationen zur Entwicklung zahlreicher eigener Varianten von Lichtübungen und Lichtmeditationen sowie zu ihrem gezielten Einsatz im Privaten wie Beruflichen habe ich Rudy Daniel, Maya und Laurens Storms sowie Armin und Andrea Mattich zu verdanken. Alle großen Weltreligionen mit ihren christlichen, buddhistischen, hinduistischen, islamischen und mystischen Schriften und Quellen sprechen ohne Scheu und mit einem hohen Maß an Ehrfurcht und Demut vom Licht, das uns Menschen eigen ist.

Aus Respekt vor der besonderen Qualität der Ihnen in den nächsten Schritten ans Herz gelegten Lichtimaginationen und Herzmeditationen sowie aus dem Wissen um ihre möglichen Wirkungen wechsele ich in den Anleitungen des zweiten Teils bei der Anrede endgültig ins Du. Die spirituelle Praxis, die das Herz öffnet und das Licht hereinlässt, kennt kein Sie. Die Übungen möchten Sie unmittelbar und ohne die Distanz eines Siezens berühren.

Übung

15

Sich im strahlenden Licht geschützt und geborgen fühlen

Setze dich bequem an einen ruhigen Ort hin und schließe die Augen. Falls es dir nicht möglich ist, die Augen zu schließen, fixiere einen Punkt auf dem Boden, etwa einen Meter vor deinen Füßen. Nimm eine bequeme Haltung ein. Spüre, wo dein Körper Kontakt zur Lehne, zum Sitz oder zum Boden hat. Achte auf deine Atmung, gleichgültig, wohin du atmest, ob in den Bauch oder in die Brust. Nimm nur einige Atemzüge lang wahr, wie du atmest, dass du atmest und dass dein Atem kommt und wieder geht, ohne dass du etwas dafür tun müsstest ... Mache dir einen Augenblick bewusst, dass das Atmen in deinem Leben etwas ist, wofür du dich normalerweise nicht anzustrengen brauchst. Dein Atem kommt und geht von alleine. Als Einatem strömt er leicht und fließend ein und als Ausatem wieder heraus. Es gibt da in deinem Leben also zumindest einen Bereich, der ganz und gar ohne Anstrengung funktioniert. Mache dir das noch einmal ausdrücklich bewusst. Und mache dir bewusst, dass dein Atem in deinem Leben das Erste ist, das kommt, und das Letzte ist, das geht. Dazwischen bist du mit deinem Leben.

Und nun vertiefe deine Atmung ein wenig, aber ohne Anstrengung. Bringe deine Atmung außerdem in Ordnung, indem du vermehrt in den Bauch hinein atmest ... Nur mit deiner Bauchatmung atmest du die vitale Lebenskraft in dich ein.

Beginne nun mit der Vorstellung, wie du mit jedem Einatmen strahlend helles, weißes Licht in die Mitte deines Herzens atmest. Mit jedem Einatem atmest du leuchtend helles, weißes Licht in die Mitte deines Herzens ... Und weil du mit jedem weiteren Einatem immer neues strahlend helles Licht in die Mitte deines Herzens atmest, verdichtet sich dieses helle strahlende Licht an der Stelle in deiner Brust, hinter der dein Herz für dich und für dein Leben schlägt ... Das Licht verdichtet sich dort zu einer strahlend hellen Sonne oder zu einem leuchtenden, runden Kristall ... Und immer weiter atmest du strahlend helles, weißes Licht in die Mitte deines Herzens, so dass die leuchtende Sonne oder die kristallene Kugel in deiner Brust immer heller und strahlender wird.

Mit jedem Einatem atmest du helles, weißes Licht in die Mitte deines Herzens, und mit dem Ausatem fängt dieses strahlend weiße Licht der leuchtenden Sonne an sich auszudehnen. Das Licht dehnt sich mit jedem Ausatem weiter aus, bis es deinen gesamten Brustraum füllt ..., es dehnt sich weiter aus in deinen Bauch und in dein Becken hinein. Und immer neu atmest du helles, weißes Licht in die Mitte deines Herzens hinein, so dass das Licht sich mit dem folgenden Ausatem weiter in deine Beine und Füße hinein, in deine Arme und Hände ausdehnt, und das strahlend leuchtende, weiße Licht wandert durch deine Kehle hinauf und erfüllt auch deinen Kopf ... Arme und Beine, dein gesamter Körper ist durchdrungen und erfüllt von diesem strahlend hellen, weißen Licht ... Das Licht dringt in jede deiner Körperzellen ein, du bist erfüllt und ausgefüllt von diesem hellen, strahlenden Licht. Das Licht dehnt sich aus bis an die Grenzen deiner Haut. Du siehst dich und deinen Leib völlig ausgefüllt von diesem hellen, weißen Licht.

Und jetzt stell dir vor, dass sich dieses strahlende, helle, weiße Licht noch weiter ausdehnt. Es dehnt sich aus über die Grenzen deiner Haut hinaus, etwa vier bis fünf Zentimeter über deine Haut hinaus und manchmal auch noch weiter. Du siehst dich ausgefüllt vom Licht und umhüllt von dieser Schicht aus strahlend hellem, weißem Licht ... Das Licht umgibt dich wie eine schützende Hülle. Du siehst dich umflossen von einer schützenden Schicht aus strahlend hellem, weißem Licht ... Die Schutzhülle aus Licht um dich herum ist in keiner Weise statisch. Sie ist in fließender, luftig leichter Bewegung. Mal dehnt sie sich weiter aus, mal zieht sie sich etwas zusammen ... In dieser Schutzhülle aus Licht kannst du dich sicher und geborgen fühlen. Deine transparente Schutzschicht aus hellem, strahlendem, dich umfließendem Licht schränkt dich in keiner Weise ein, du kannst alles sehen, hören, spüren, fühlen, wahrnehmen. Aber du fühlst dich zuverlässig geschützt von diesem strahlend hellen, weißen Licht, das dich umfließt. Mit jedem Fließen deines Atems spendet dir die leuchtende Schicht um dich herum mehr Sicherheit. Von Kopf bis Fuß bist du sicher eingehüllt in dieses strahlend helle Licht, das dich umgibt.

Sicher geborgen in deiner Schutzhülle aus hellem, weißem Licht und so in dir selbst ruhend, kannst du dir nun alles vorstellen, was dich privat oder in deiner Arbeit sorgt, dich ängstigt oder dir Probleme bereitet. Du kannst dir alle Sorgen, Nöte, Ängste, Probleme der Menschen, die dir im privaten Umfeld oder in deiner Arbeit begegnen, vor Augen rufen. Du kannst an alles Dunkle, Schwere, Bedrückende, Leidvolle, das du von diesen Menschen erfährst, denken. Auch an das, was dich selbst schmerzen oder dir Leiden verursachen könnte, an das, was dich als Dunkles, Schweres, Leidvolles selbst belasten, angreifen oder infizieren könnte. Du kannst dir vorstellen, wie alle diese Sorgen, Nöte, Ängste, Probleme der Menschen, mit denen du Kontakt und Umgang hast, als dunkler Strom von Schwerem, Leidvollem, Ängstigendem auf dich zuströmt. Wie eine dunkle Wolke siehst du alles, was dir an Belastendem, Schwerem, Bösen erzählt und anvertraut wird, auf dich zuschweben. Aber nichts davon wird zur Bürde, zur Last für dich selbst. Nichts kann dich bedrücken, anstecken oder infizieren. Was an Dunklem, Schweren, an Leid und Not, an Trauer und Schmerz von außen auf dich einströmt, wird genau an der Stelle aufgelöst, wo es auf deine strahlend helle Schutzhülle aus weißem Licht trifft. Nichts kann dieses Licht von außen durchdringen, um in dich einzudringen. Dort, wo es auf deine Schutzhülle aus Licht trifft, wird es aufgelöst und geht selber ins Licht. Denn das ist seine Bestimmung ... All das vermagst du dir vorzustellen, denn Vorstellungskraft ist Zauberkraft, ist heilsame Kraft.

An deiner Schutzhülle aus hellem, strahlend weißem Licht löst sich alles Dunkle, Schwere, Leidvolle auf. Und zwar ohne dass dir selbst in irgendeiner Weise etwas von deinem Licht abgezogen würde oder dass sich deine Schutzhülle aus Licht verbrauchen würde, denn mit jedem neuen Einatem atmest du weiter strahlend helles, weißes Licht in die Mitte deines Herzens – strahlendes Licht, das sich mit dem Ausatem ausdehnt, dich erfüllt und umfließt. So bist du dauerhaft und immer geschützt von deiner eigenen Hülle aus Licht.

Du bist geschützt, du fühlst dich geschützt, dauerhaft, beständig, zuverlässig ... Immerfort zuverlässig von deiner Hülle aus Licht umflossen und geschützt, kannst du nun wieder ganz zu dir selbst zurückkehren und langsam wieder die Augen öffnen.

SCHÜTZENDE UND HEILENDE EFFEKTE

Bereits die soeben vermittelte Grundvariante der Lichtübung kann als sehr heilsam erlebt werden. Über die Jahre hinweg haben junge wie erwachsene Frauen und Männer mir immer wieder persönlich oder per Brief und Mail berichtet, wie sehr sie die schützenden und sogar heilenden Effekte des sie umhüllenden Lichts schätzen gelernt haben.

Eine Psychiatrieschwester, die ein Jahr lang ununterbrochen und ohne die geringste tröstliche Linderung unter dem Tod ihrer besten Freundin gelitten hat, bezeugt:

»Nach dem Tod meiner Freundin S. hatte ich das Gefühl, ein großes Loch, eine große Wunde in Höhe meiner Nieren zu haben. Aus der Wunde ragt ein großlumiges Kabel, ähnlich einem Transatlantikkabel. Aus dieser Wunde fließt ständig meine Energie in großen Mengen weg.

Es ist der Gedanke, dass sie unsere gemeinsame Zeit, unser Erleben, unsere Nähe, alle guten Gedanken mitgenommen hat. Ihr Blick auf mein Leben ist fort. Da ist nun eine große Lücke, ein Loch, eine Wunde.

In meiner Vorstellung schneide ich das Kabel ca. 3 m von meinem Körper schmerzlos ab. Das Ende zu meinem Körper fällt langsam und schmerzlos ab, ähnlich einer Nabelschnur. Die Wunde am Körper heilt gleichzeitig zu. Mein Körper ist nun geschlossen. Ich umrunde meinen Körper und schicke warmes, helles Licht. Ein in sich geschlossener Lichtkranz bildet sich, hüllt mich ein und schützt mich. Die Energie bleibt wieder bei mir.

Nach ca. 14 Tagen Imaginationsvorstellungen sind die Magenschmerzen verschwunden, die ich seit dem Wissen über S. Tod hatte.

Das starke Gefühl der Trauer hat sich nun verändert.«

Eine Lehrerin erlebt das Licht so:

»Und da war die Licht-Imagination, die ich liegend ausführte: ein transparentes helles, weißes, warmes, freundliches, friedliches, wohlwollendes, göttliches Licht, überall im Körper und besonders im Herzen, ausstrahlend nach außen, Hülle und Schutz spendend, andere ansteckend, die es berühren ... Welch ein schönes Bild! So ganz anders als das alte Glashaus, das zwar durchsichtig ist, doch hart und fest und undurchlässig ... Es ist das Wissen um die Existenz dieses Lichtes und dass man sich immer wieder daran erinnern muss!«

Ein Mann mit hoher beruflicher Belastung stellt fest:

»Ich kann jetzt in für mich stressigen Situationen dank der Lichthülle die Nerven bewahren und die Situation retten.«

Eine Sozialarbeiterin bestätigt eine Sofortwirkung:

»Seit mindestens 20 Jahren habe ich mich immer porös in meinem beruflichen Alltag gefühlt. Durch lauter kleine Löcher in meiner Haut habe ich viel zu viele Belastungen in mir aufgenommen. Porös heißt zu ungeschützt.

Jetzt bin ich ganz überrascht und froh. Ich fühle mich gerade überhaupt nicht mehr porös und löchrig. Ganz im Gegenteil, das Licht hat mich ganz gemacht. Ich fühle mich total geschützt in meiner Lichthülle.«

In einer Erzieherin wird eine Kindheitserinnerung wach gerufen: »Bis zum Alter von sieben Jahren habe ich bei den Menschen in meiner Umgebung die Farben der Aura sehen können. Ich habe meiner Mutter und meiner Großmutter manchmal davon erzählt, weil das für mich normal war. Meine Mutter hat das total abgetan und versucht, mir das auszureden. Meine Großmutter hat dagegen zu meiner Mutter gesagt: ›Ich sehe zwar nichts, aber ich glaube ihr. Das kann sie sich nicht ausdenken.‹ Meine Mutter hat mir aber weiterhin vermittelt, dass es das nicht gäbe, was ich als Licht um die Menschen gesehen habe. Irgendwann so im Alter von sieben hat sich das verloren. Ich habe kein Licht mehr um die Menschen gesehen. Und ich habe das sogar komplett vergessen, nie wieder daran gedacht, bis heute. Durch diese Lichtübung eben sind diese ganzen Erinnerungen in mir hochgekommen. Ich bin gerade total froh darüber. Ich habe als Kind also etwas ganz Richtiges gesehen. Was das jetzt für mich heute bedeutet, muss ich erst noch rausfinden.«

HERAUSFORDERUNGEN FÜR UNSER DENKEN

Allein aufgrund solcher Zeugnisse sollten Sie sich die Schutzhülle aus Licht gönnen. Denken Sie beim Einüben an Ihre inneren Boykotteure. Ich kenne kaum Übungen, die so stark die inneren Boykotteure aufscheuchen wie Übungen und Meditationen, die sich der Kraft des Lichts bedienen. Deren Einflüsterungen können ganz vernünftig und einleuchtend klingen: »Ich tue mich schwer mit dieser Übung. Ich empfinde es als anstrengend, mich immer wieder an sie zu erinnern.« Andere fühlen sich geblendet von so viel Licht: »Ich mag das helle Licht nicht. Es ist mir zu weiß, zu grell leuchtend.« Ist das der Fall, dann stellen Sie sich das Licht am besten als helles, warmes Licht vor. Ein psychoanalytischer Kollege stieg an der Stelle aus der Imagination aus, an der die Lichthülle ihn ganz umfloss: »Da kann ich ja nichts mehr sehen und spüren«, flüsterten ihm seine inneren Bedenkenträger ein. Bei Bildern von Rüstungen oder dicken Scheiben aus Glas, die sich viele Menschen zu ihrem imaginativen Schutz gewählt haben, wäre eine solche Vorstellung naheliegender. Das Licht ist aber feinstofflicher, immaterieller und transparenter Natur. Geschützt vom fließenden Licht können Sie weiterhin alles sehen, hören und spüren. Nichts behindert Sie. Es gibt kaum einen Einwand gegen die schützende Kraft des Lichts, den ich im Laufe der Jahre nicht gehört hätte, und trotzdem werde ich immer wieder von neuen Widerständen überrascht.

Gewähren Sie sich die Zeit, die Sie persönlich brauchen, bis die schützenden Wirkungen dieser Übung eintreten. Haben Sie Geduld und überlassen Sie Ihren Boykotteuren nicht das Feld. Ist die Schutzhülle aus Licht durch regelmäßiges Einüben erst einmal zu einem Teil Ihrer psychischen Struktur geworden, werden Sie feine Veränderungen in Ihrem Denken und Fühlen wahrnehmen. Ist die Schutzfunktion fest etabliert, ist sie von Dauer. Sie brauchen sie dann nur noch selten durch das Praktizieren der kompletten Übung aufzurufen. Sie steht ihnen wie selbstverständlich zur Verfügung, wenn Sie bloß an sie denken. Sie sehen und spüren sich unablässig von Ihrem eigenen Licht geschützt.

Für Menschen, die schon länger oder seit sie denken können, über unser begrenztes mechanistisches Welt- und Menschenbild hinausgeblickt haben, ist die Lichthülle nichts Besonderes. Sie ist mehr als eine Vorstellung, Phantasie oder Imagination. Es gibt sie tatsächlich und wir nehmen sie bei Menschen wahr. Im Deutschen benutzen wir das Wort »Aura« für sie. Andere sprechen von Energiefeld.

Niemand wundert sich oder stellt es in Frage, wenn er die besondere Energie eines Menschen spürt. Alle reden wir von der Ausstrahlung von Menschen. Es kann uns eiskalt den Rücken hinunterlaufen, wenn wir einem Charakter mit kalter Ausstrahlung begegnen. Andere Menschen wirken unheimlich auf uns.

Angezogen fühlen wir uns von Mitmenschen, die helle Freude ausstrahlen. Aus der Nähe von »Kachelofenmenschen« mit ihrer Herzenswärme möchten wir uns am liebsten gar nicht mehr wegbewegen. Über solche Eindrücke zu reden, halten wir für normal. Kommt das Wort »Aura« ins Spiel, scheiden sich plötzlich die Geister.

Wer gelernt hat, die Aura eines Menschen zu sehen, sieht sie, sobald er sich darauf konzentriert. Vielleicht kann er nicht alle ihre farbigen Schichten sehen, aber zumindest die erste. Diese erste Schicht kommt der hellen, leuchtenden, transparenten Schicht um unseren Körper, wie ich sie in der Übung »Sich im strahlenden Licht geschützt und geborgen fühlen« beschreibe, sehr nahe.

Wenn ich Skeptikern und Zweiflern oder betont naturwissenschaftlich denkenden Menschen auf deren nachhaltig geäußerten Wunsch gezeigt habe, wie sie ihr eigenes Licht oder die Aura eines Mitmenschen sehen können, werde ich Zeuge ihrer kognitiven Dissonanz. Sie sehen plötzlich etwas, das es ihrer Überzeugung nach gar nicht geben dürfte. Aber sie sehen es. Sie sehen es mit ihren eigenen Augen. Haben sie es gesehen, können sie es nicht mehr wegdiskutieren. Sie müssen sich entscheiden, was sie mit ihrer Entdeckung anfangen und was diese für ihr zukünftiges Welt- und Menschenbild bedeutet. Aurasehen ist keine akademische, spirituelle oder gar esoterische Spielerei.

Das Licht bzw. die Energie eines Menschen sehen zu können, macht uns zu keinem besseren, anderen überlegenen Menschen. Erst die Konsequenz, die ich aus dem, was ich sehe, ziehe, kann mich zu einem anderen und vielleicht sogar besseren Menschen machen, wie folgende Fragen zeigen: Kann ich einen Menschen, dessen leuchtendes Licht ich gesehen habe, noch ablehnen, missachten oder als fremd verachten? Kann ich jemanden, dessen Licht wie mein eigenes ist, noch tätlich angreifen, schlagen, mit Füßen treten, mit Fäusten traktieren, gar töten? Kann ich die Grenzen vor Mitmenschen schließen, deren inneres Licht leuchtet, oder Bomben über ihren Köpfen abwerfen? Oder bringe ich eine neue Art von Respekt für den anderen, für meinen Mitmenschen auf, wenn ich um sein inneres Licht weiß? Wie schätze ich den Wert eines anderen Menschen ein, wenn ich realisiert habe, dass ihm als menschlichem Geschöpf von Geburt an das gleiche Licht geschenkt ist wie mir selbst?

Wer anderen Menschen willentlich und wissentlich an Körper und Seele Schaden zufügt, weiß nichts vom Licht eines Menschen oder will nichts von ihm wissen, weder von seinem eigenen noch von dem seines Mitmenschen. Er greift mit seiner falschen Rede, seinem falschen Verhalten, seinem falschen Denken und seinem falschen Fühlen lieber sein eigenes Licht an als das des Mitmenschen als gleichwertig zu achten.

Das Licht eines anderen Menschen mit seinen eigenen Augen zu sehen, kann nicht folgenlos bleiben. Ich habe Menschen sagen hören: »Ich bin mir gar nicht sicher, dass ich überhaupt mein eigenes Licht sehen möchte. Das müsste dann ja Konsequenzen für mich haben.«

Wem die Wahrnehmung der Lichthülle anderer unvertraut ist, stelle sich nicht vor, dass Menschen, die die Aura zu sehen gelernt haben, mit Röntgenblick durch die Straßen gehen. Das leuchtende Licht um einen Menschen sehen wir nur, sofern wir uns bewusst darauf konzentrieren. Wir verfügen über die wieder erlernte Fähigkeit, können Sie aber an- und abstellen. In der Regel gehen Menschen mit ihrer Fähigkeit, das Licht anderer Menschen sehen zu können, überaus achtsam und verantwortungsbewusst um.

LICHT IM EINKLANG MIT DER LIEBE

Gehen wir noch den entscheidenden Schritt weiter und fügen wir dem Licht eine zweite Qualität hinzu. Licht allein reicht nicht, um uns zu innerlich schöneren und besseren Menschen zu machen. Zu solchen macht uns erst die Kraft der Liebe. Und deshalb geht Licht immer einher mit Liebe und Liebe umgekehrt mit Licht. Beide müssen im Einklang sein, wollen wir uns heil fühlen. Üben wir uns in beidem, ist es möglich, dass wir uns in unserer inneren Entwicklung auf eine höhere Ebene gehoben fühlen. In dem Fall macht tatsächlich die Übung den Meister. Lassen wir zu, dass wir uns berührt fühlen, dass unser Licht verstärkt leuchtet und unsere Liebesfähigkeit wächst, können uns ungeahnte Geschenke zufallen.

In die nachfolgende Lichtimagination habe ich Elemente aus einer Meditationsinvokation von Reindjen Anselmi integriert.

Übung

16

Ich bin das Licht

Setze dich bequem an einen ruhigen Ort hin und schließe die Augen. Falls es dir nicht möglich ist, die Augen zu schließen, fixiere einen Punkt auf dem Boden, etwa einen Meter vor deinen Füßen. Nimm eine bequeme Haltung ein. Spüre, wo dein Körper Kontakt zur Lehne, zum Sitz oder zum Boden hat. Achte auf deine Atmung, gleichgültig, wohin du atmest, ob in den Bauch oder in die Brust. Nimm nur einige Atemzüge lang wahr, wie du atmest, dass du atmest und dass dein Atem kommt und wieder geht, ohne dass du etwas dafür tun müsstest … Mache dir einen Augenblick bewusst, dass das Atmen in deinem Leben etwas ist, wofür du dich normalerweise nicht anzustrengen brauchst. Dein Atem kommt und geht von alleine. Als Einatem strömt er leicht und fließend ein und als Ausatem wieder heraus. Es gibt da in deinem Leben also zumindest einen Bereich, der ganz und gar ohne Anstrengung funktioniert. Mache dir das noch einmal ausdrücklich bewusst. Und mache dir bewusst, dass dein Atem in deinem Leben das Erste ist, das kommt, und das Letzte ist, das geht. Dazwischen bist du mit deinem Leben.

Und nun vertiefe deine Atmung ein wenig, aber ohne Anstrengung. Bringe deine Atmung schließlich in Ordnung, indem du vermehrt in den Bauch hinein atmest … Nur deine Bauchatmung vermag deine vitalen Lebenskräfte wachsen zu lassen.

Beginne nun mit der Vorstellung: Ich atme Licht in die Mitte meines Herzens. Ich atme helles, strahlendes Licht in die Mitte meines Herzens … Und weil ich mit jedem neuen Atemzug unermüdlich weiter helles, strahlendes Licht in das Zentrum meines Herzens atme, verdichtet sich dieses Licht zu einem einzigen strahlenden Leuchten. Mein Herz wird Licht, ist licht …

Mein Herz beginnt aus sich heraus hell zu leuchten und zu strahlen ... Mit jedem neuen Atemzug, mit dem ich klares, helles Licht in die Mitte meines Herzens atme, wird dieses Leuchten und Strahlen heller und stärker.

Ich sehe zu, wie die leuchtende Sonne meines Herzens oder dieser strahlend leuchtende, runde Kristall in mir beginnt sich auszudehnen. Das Licht, das von meinem Herzen ausströmt, dehnt sich aus. Das Licht dehnt sich in meinen gesamten Brustkorb hinein aus, es dehnt sich immer weiter aus: in meinen Bauch, in mein Becken, in die Oberschenkel, die Unterschenkel, die Füße, in meine Arme und Hände und durch Hals und Kehle bis in meinen Kopf hinein. Ich bin vom Scheitel bis zur Sohle von meinem eigenen Licht erfüllt und durchleuchtet. Das helle, strahlende Leuchten durchdringt jede einzelne Zelle meines physischen Körpers, es erfüllt meinen Geist und lässt meine Seele erstrahlen. Ich sehe meinen gesamten Körper erfüllt und umflossen von hellem, strahlendem Licht.

Ich erlaube einem goldenen, einem silbernen und einem violetten Lichtstrahl meinen gesamten Körper vom Scheitel bis zur Sohle und von der Sohle bis zum Scheitel zu durchfließen ... Ich erlaube auch jedem weiteren hellen Lichtstrahl, jeder weiteren Lichtenergie, die ich persönlich in meiner jetzigen Situation in meinem Leben benötige, meinen gesamten Körper vom Scheitel bis zur Sohle und von der Sohle bis zum Scheitel zu durchströmen.

Mein gesamter Körper ist vom Scheitel bzw. von meinem Kronenchakra aus bis zu den Füßen verbunden und geeint durch eine einzige durchgehende Kugel aus hellem, strahlendem Licht und durch den goldenen, silbernen und violetten Strahl, die mich durchfließen, sowie durch jede weitere Energie, derer ich derzeit ganz persönlich in meinem Leben bedarf.

Ich atme mit jedem neuen Atemzug weiter klares, helles Licht in die Mitte meines Herzens. So bin ich durchdrungen von Licht, ich bin umgeben von Licht. Ich bin Licht. Ich leuchte, ich strahle und ich strahle Licht aus. Ich bin ein leuchtender, ein strahlender Mensch. Ich bin ein Wesen aus Licht und ein Wesen im Licht. Ich bin ein Lichtwesen. Ich bin Licht und ich bin im Licht. Und weil ich Licht bin, bin ich auch Liebe. Und weil ich Liebe bin, bin ich auch Licht. Ich lebe im Licht. Ich liebe im Licht. Ich lache im Licht. Das Licht trägt mich, das Licht nährt mich, das Licht schützt mich. Das Licht trägt mich, das Licht nährt mich, das Licht schützt mich. Ich lebe im Licht. Ich liebe im Licht. Ich lache im Licht. Denn ich bin das Licht. Ich *bin* das Licht. *Ich* bin das Licht. Ich bin. Ich *bin*. *Ich* bin.

Der kreativen Eingebung, Lichtatemübungen an jede Situation und jeden Bedarf anzupassen, sind keine Grenzen gesetzt. Ich selbst praktiziere je nach Befindlichkeit, Lust und Laune eine weitere Version, bei der sich goldgelbe Lichtstrahlen im Herzen kreuzen. Diese Lichtmeditation ist mir allerdings so heilig, dass ich sie nie als verschriftete Anleitung in einem Buch wiedergeben würde. Ich gebe sie ausschließlich in mündlicher Überlieferung in Kursen und Workshops für Gruppen oder in der Einzelarbeit weiter. Nicht, um ein Geheimnis daraus zu machen, sondern aus tief empfundener Ehrfurcht vor ihrer Kraft und aus Dankbarkeit gegenüber ihrer Quelle.

WIE MACHE ICH DAS RICHTIG?

Vor kurzem kam ein 18-jähriger Mann zu mir, dessen Behandlung ich übernommen habe, weil er sowohl unter einer Sucht als auch unter einer Psychose leidet. Seine psychotisch geprägte, aus den Fugen geratene Welt ist eine sehr eigene mit einer ganz besonderen Chaos-Ordnung. Eines seiner wichtigsten Anliegen im ersten Gespräch mit mir war, eine bekräftigende Antwort auf seine mehrfach vorgebrachte Frage zu erhalten: »Wie mache ich meine Sachen richtig? Wenn ich etwas mache, mache ich es immer mit Hingabe und Liebe. Mache ich das dann so richtig«? Ich wünschte, alle Menschen könnten derart klar wie dieser unter seinen psychotischen Symptomen leidende, junge Mann von sich behaupten: »Wenn ich etwas tue, mache ich es mit Hingabe und Liebe.« Ich konnte ihn ohne jeglichen Vorbehalt darin bestätigen: »So, wie du es machst, ist es richtig. Wenn du etwas mit Hingabe und Liebe machst, kann es nie falsch sein.« In dieser Hinsicht ist der psychotisch erkrankte, junge Mann seelisch gesünder als viele normal funktionierende Menschen, die kaum etwas mit Hingabe und Liebe tun. Leider hilft ihm diese Form seelischer Gesundheit nicht bei seiner lebenspraktischen Alltagsbewältigung.

Etwas mit uneingeschränkter Hingabe und Liebe tun zu können, ist ein unschätzbarer Wert auf einem heilsamen Weg zu uns selbst und anderen. Es zeugt von einem gesteigerten Maß an seelischer Gesundheit. Lichtatemübungen wohnt die Qualität inne, Ihre Fähigkeiten zu innerer Hingabe sowie Ihre Liebesfähigkeit deutlich spürbar zu steigern, sofern Sie das wünschen.

Wenn Sie damit beginnen, mächtige Lichtatemübungen für sich zu nutzen, stellen Sie sich bitte nicht vor, dass Sie von da ab nur noch als wandelnde Glühbirne, als strahlend leuchtendes Wesen durch die Welt gehen oder unablässig das helle, weiße, goldgelbe oder violette Licht hinter ihren Augenlidern sehen. Das wäre eine sehr naive Vorstellung. Doch nicht wenige Menschen denken genau das und scheuen deshalb vor unvertrautem Terrain zurück. Sie befürchten, sie könnten aus ihrer Normalität fallen. Da ich über die Jahre hinweg nicht bloß alle erfreulichen spontanen Gedanken von Menschen gegenüber Lichtatemübungen zu hören bekommen habe, sondern auch ihre ängstlich zögernden Bedenken, räume ich hier etliche der Stolpersteine, soweit es geht, aus dem Weg. So stolpert mancher, der sich an Lichtimaginationen versucht, über das Wort »strahlen«. Es ist im medial gelenkten Denken an einen ganz anderen Kontext gebunden: an die strahlende Gefahr, die von Atomkraftwerken ausgeht. Das strahlend, helle Licht in unserem Inneren kann nichts für diese Koppelung im Denken. Geht es Ihnen ähnlich, machen Sie sich frei von diesem unzutreffenden Zusammenhang, damit das Licht leuchtend strahlen darf.

Menschen sind sehr unterschiedlich. Manche sind in ihrer psychischen, seelischen oder spirituellen Entwicklung schon weiter vorangeschritten, andere weniger. Und so hängen die Wirkungen von Lichtatemübungen sehr stark davon ab, auf welchen Boden sie treffen. Um die besten Früchte ernten zu können, müssen Sie vorher ihr Feld bestellen, säen und die ersten zarten Pflänzchen mit dem nötigen Wasser zum Wachstum versorgen. Das gilt auch in Bezug auf unsere Seelennahrung

Finden Sie Gefallen an Lichtatemübungen, können Sie ganz Unterschiedliches erleben. Es ist möglich, dass Sie sich unmittelbar in Ihrem inneren Kern oder in Ihrem Herzen berührt fühlen, dass es Ihnen ein Leichtes ist, sich ganz durchflossen und umflossen zu sehen von hellem, strahlendem Licht. Gerade so, als wäre es nie anders gewesen oder als würden Sie etwas uralt Vertrautes wieder entdecken. Sie wissen einfach um Ihr inneres Licht. Ihre Seele atmet auf, denn sie erinnert sich.

Genauso ist es möglich, dass Sie zu Anfang Mühe haben, sich das Licht, das Sie atmen, vorzustellen. Es fällt Ihnen schwer, bei der Vorstellung zu bleiben, von Licht erfüllt und umflossen zu sein. Oder Sie können zwar recht gut die Vorstellung des Lichts aufrufen, aber es bleibt eben bloß eine gedankliche Vorstellungsleistung. Sie sehen ihr Licht nicht wirklich. Im Übrigen ist es ohnehin weniger ein konkretes Sehen als ein Fühlen. Sie spüren die Präsenz des Lichts in Ihnen und um Sie herum. Manchmal jedoch, häufig ganz überraschend, sehen Sie es: Bei geschlossenen Augen sehen Sie sich als strahlend helle Gestalt, umgeben von gleißend hellem Licht. Oder Sie haben plötzlich den Eindruck, hinter der Stirn, dort, wo ihr drittes Auge sitzt, wird es hell und heller. Sie sehen dort ein Licht, das sich immer weiter intensiviert. Fragen Sie nicht, zweifeln Sie nicht. Geben Sie sich hin. Es ist, wie es ist. Und es ist real. Sie bilden sich nichts ein. Nichtsdestoweniger fragen sich alle beim ersten Mal, ob es nicht gerade heller im Zimmer geworden ist, weil von draußen die Sonne hereinscheint. Sie möchten sich vergewissern und blinzeln kurz mit den Augen. Es mag draußen trüb und regnerisch sein, in Ihnen wird es dennoch hell und heller.

Sollte sich das helle, warme Licht hinter den Augen in ein violettes oder türkis farbenes Licht verwandeln, denken Sie nach Möglichkeit nicht weiter nach, sondern staunen Sie dankbar und andächtig und überlassen Sie sich dem Licht. Wenn Sie es erleben, werden Sie ohnehin kaum noch fragen oder denken wollen, sondern sich zutiefst beschenkt fühlen. Ihr Herz ist es, das verstehen wird. Ihr Verstand wird hingegen weder wissen noch verstehen, was Sie sehen. Vielleicht tut er Ihnen den Gefallen und fügt sich still in Demut.

Sollte sich zu Anfang beim Praktizieren von Lichtatemübungen gar nichts von allem, was ich beschrieben und erläutert habe, einstellen, reagieren Sie nicht vorschnell enttäuscht. Versichern Sie sich nicht gleich: »Wusste ich's doch. Das bringt mir nichts.« Lassen Sie sich die Zeit, die Ihre Zeit ist, bis Sie die ersten feinen Wirkungen ihrer Bemühungen registrieren.

Sofern wir mit Imaginationen und Meditationen Erfahrungen sammeln möchten, ist es am geschicktesten, sie möglichst erwartungsfrei anzugehen. Das fällt uns natürlich schwer, da unser Verstand unaufhörlich Erwartungen an das, was wir tun, stellt. Er bringt unablässig Gedanken hervor. Es ist nicht leicht, sich einfach nur für das zu öffnen, was bei Lichtimaginationen geschehen kann. Da kommt unsere Fähigkeit, zu vertrauen und uns hinzugeben, ins Spiel. Wenn Übungen auf uns wirken, wirken sie nicht immer gleich. Wir können uns an dem einen Tag von Licht und Liebe überflutet sehen und fühlen. Am nächsten Tag wünschen wir uns das Licht und die Liebe sehnlichst herbei und es geschieht kaum etwas. Das ist kein Grund, um in alt bekannte Selbstzweifel oder Enttäuschungen zurückzufallen, denn das Licht lässt uns nicht mehr im Stich. Haben die Wirkungen von Lichtatemübungen erst einmal eingesetzt, wirken sie fort. Wir fühlen uns in heilsamer, schöner Weise verändert, getragen und geschützt. Wir werden innerlich heilere Menschen, ruhiger, gelassener, verständiger, liebevoller, sanftmütiger, barmherziger und gnädiger. Wir empfinden einen inneren Frieden.

Alle diese positiven Wirkungen überfallen Sie nicht als sensationelle Empfindungen. Sie überwältigen Sie nicht, sondern zeigen sich still und leise. Wundern Sie sich nicht, wenn Sie mittel- und langfristig eine deutliche Verschiebung Ihrer Interessen wahrnehmen. Die mediale Überfütterung wird Ihnen irgendwann nicht mehr zusagen. Stattdessen werden Sie sich darauf konzentrieren, was Ihnen im Leben wirklich wichtig ist.

Sie können sich darauf verlassen, dass Lichtatemübungen Ihr Selbstwertgefühl verbessern. Das Licht nährt den Selbstwert, die Selbstakzeptanz und die Selbstliebe. Diese Stärkung erfolgt dosiert, sanft und kontinuierlich. Obendrein wirkt sie weit zuverlässiger als vieles, das Menschen angestrengt, teils sogar verzweifelt versuchen, um ihr brüchiges Selbstwertgefühl zu heben. Die Nährung unseres Selbstwerts durch helles, klares Licht ist sämtlichen verbalen Affirmationen, Bekräftigungen oder systematischen Versuchen positiven Denkens überlegen. Das kann alles zusätzlich nützlich sein, bringt aber nicht unser inneres Licht zum Leuchten.

DIE LUST AUF MEHR UND DER TRANSFER IN DEN ALLTAG

Nach Ersterfahrungen mit Lichtimaginationen bekomme ich regelmäßig von den spontanen Reaktionen und positiven Effekten erzählt. Ich möchte Ihnen hier einige der Beispiele zitieren, die sich meiner Ansicht nach besonders dazu eignen, Ihnen Lust auf mehr zu machen. Ich greife nicht das andächtige Staunen, sondern mit Absicht die ganz alltäglichen Beispiele heraus. Die ersten zwei Zitate stammen aus meinen letzten Zwei-Tage-Workshops, in denen die Teilnehmenden am ersten Tag die Übungen: »Sich im strahlenden Licht geschützt und geborgen fühlen« sowie »Ich bin das Licht« in Selbsterfahrung erprobten. Am folgenden Morgen erzählte eine Frau, wie sie sich am Abend zuvor selbst neu kennengelernt hatte:

»Das war eigentlich eine ganz banale Situation, aber eine, in der ich gerne mal die Nerven verliere. Als ich meinen Sohn bei seinem Freund abgeholt hatte und ausparken wollte, regte sich neben mir eine Frau mit einem dicken Protzauto künstlich auf, mein Sohn könnte ihr mit der Autotür einen Kratzer in ihren schicken Wagen machen. Normalerweise hätte ich mich da selbst fürchterlich geärgert, denn da ging es um mein Kind. Ich hätte die Frau sonst wahrscheinlich total angemacht. Zu meiner eigenen Verblüffung blieb ich aber völlig ruhig, lächelte und nahm das Ganze mit Humor. Dabei war ich so klar, dass die Porschefahrerin nichts mehr zu sagen wusste. Ich kenne mich sonst so gar nicht in so Situationen. Ich fuhr mit einem inneren Lächeln weg, das immer noch in mir anhält.«

Nach einem anderen Workshop kam ein Kollege am ersten Tag nach Hause und noch bevor er ganz durch die Tür in der Wohnung war, schaute ihn seine Frau erstaunt an und fragte:
»Was hast du denn heute erlebt. Du strahlst ja richtig und wirkst so ganz anders, so froh. Das ist irgendwie neu. Dieses Strahlen kenne ich so noch nicht an dir. Aber das ist richtig schön für mich, dich so zu sehen.«

Ein Facharzt für Innere Medizin, im Erstkontakt betont rational, resümierte seine ihn psychisch verändernden Erfahrungen mit Lichtimaginationen so:
»Ich fühle mich wie ›geboostet‹, als würde mir eine unbekannte Kraft hinter mir neue Energien zukommen lassen. Ich fühle mich freier und leichter und gehe meine momentanen Trennungsprobleme und Gefühle von Überforderung mit gestärktem Vertrauen an.«

Derartige Spontanreaktionen nach Ersterfahrungen mit Lichtimaginationen sind schöne Bestätigungen ihrer Kraft. Ihr wirklicher Sinn liegt jedoch in ihren langfristigen Wirkungen, welche die Knospen der Liebe, zu der Menschen fähig sind, aufblühen lassen. Ist die Blüte voll entwickelt, können wir zu einem neuen Verständnis von menschlicher Liebe finden. Wir werden uns manchmal an flirrendes Licht erinnert fühlen, das mit einem schönen Maß an Lebensfreude einhergeht.

Langfristige Wirkungen können als alltäglich oder außergewöhnlich erlebt werden. Einen alltäglichen Transfer der Lichtübungen in den Alltag beschreibt eine beruflich stark geforderte Frau:

»Im Alltag stelle ich mir vor, dass sich auf meinen beiden Schultern Lichtkugeln befinden. Sie haben etwa 15 cm Durchmesser. Sie sind schwerelos. In ihnen dreht sich ein warmes, helles Licht in Form einer endlosen Welle. Ich kann sie ständig anzapfen. Unsere Kreisläufe können sich mühelos verbinden. Ich denke daran, wenn ich im Supermarkt an der Kasse stehe oder beim Autofahren. Das Licht ist bei mir. Ich muss mich überhaupt nicht anstrengen.«

Für einen in seinem Fachbereich sehr angesehenen Professor für Psychologie hatte die Arbeit mit Licht und Liebe Konsequenzen, die sein Leben sozusagen vom Kopf auf die Füße gestellt haben. Er kam über die Empfehlung eines befreundeten Arztes in großer Not zu mir in Therapie, als ihm das Leben eine der schmerzhaftesten Prüfungen auferlegt hatte, vor die Menschen sich gestellt sehen können. In seinem gesamten Denken und Fühlen haben sich über Monate weit reichende Transformationsprozesse vollzogen. Zusammengefasst beschreibt er seinen Wandlungsprozess folgendermaßen:

»Die Arbeit mit Ihnen, mit dem Licht, der Liebe, der Körpererfahrung, dem Spirituellen, war ungemein intensiv und bewegend für mich. Ich habe in vielen Bereichen völlig umdenken gelernt. Ich spüre und fühle viel mehr. Ich muss zu meiner eigenen Verwunderung sogar anerkennen, dass ich während unserer Arbeit richtige Präsenzen wahrgenommen habe. Das lag vorher für mich außerhalb meines Vorstellungsvermögens. Ich fühle mich so

verändert und bewegt, dass ich dabei bin, mein Welt- und Menschenbild zu revidieren. Privat habe ich die Kraft für einen Neubeginn bekommen. Und beruflich werde ich auch vieles verändern. Mein rein wissenschaftliches Denken hat eine enorme Erweiterung erfahren. Ich werde das in meinen psychologischen Fachbereich integrieren wollen. Ich weiß nur noch nicht genau, wie ich es in die Lehre einbauen kann. Es ist nur sicher, dass ich es tun werde. Das ist eine neue Herausforderung, auf die ich mich freue. Ich weiß jetzt auch, dass sich selbst hinter dem schmerzlichsten Erleben letztlich eine Sinnhaftigkeit auftun kann, die man im Stadium des größten Leidens überhaupt nicht sehen kann. Persönlich bin ich für all die intensiven, andächtig zu bestaunenden Momente während unserer gemeinsamen Zeit über alle Maßen dankbar. Da weiß ich, weshalb es sich lohnt, allem, wofür das Licht steht, in meinem Leben wieder seinen angestammten Platz eingeräumt zu haben, beruflich wie privat.«

Kehren Sie an dieser Stelle noch einmal in Ihr Licht zurück. Die dies ermöglichende Lichtübung erleichtert Ihnen den Zugang zum nächsten Kapitel, das ganz Ihnen und Ihrem eigenen Licht gewidmet ist. Ich integriere in die sich anschließende Variation ein Element aus einer Heilmeditation von Armin Mattich, der sie seinerseits von dem zypriotischen Heiler Daskalos übernommen hat.

Übung

17

Rückkehr ins Licht

Beginne direkt wieder mit der Vorstellung: Ich atme Licht in die Mitte meines Herzens. Ich atme helles, strahlendes Licht in die Mitte meines Herzens ... Und weil ich mit jedem neuen Atemzug unermüdlich weiter helles, strahlendes Licht in das Zentrum meines Herzens atme, verdichtet sich dieses Licht zu einem einzigen strahlenden Leuchten. Mein Herz wird Licht, ist licht ... Mein Herz beginnt aus sich heraus hell zu leuchten und zu strahlen ... Mit jedem neuen Atemzug, mit dem ich klares, helles Licht in die Mitte meines Herzens atme, wird dieses Leuchten und Strahlen heller und stärker.

Ich sehe zu, wie die leuchtende Sonne meines Herzens oder dieser strahlend leuchtende, runde Kristall in mir beginnt sich auszudehnen. Das Licht, das von meinem Herzen ausströmt, dehnt sich aus. Das Licht dehnt sich in meinen gesamten Brustkorb hinein aus, es dehnt sich immer weiter aus: in meinen Bauch, in mein Becken, in die Oberschenkel, die Unterschenkel, die Füße, in meine Arme und Hände und durch Hals und Kehle bis in meinen Kopf hinein. Ich bin vom Scheitel bis zur Sohle von meinem eigenen Licht erfüllt und durchleuchtet. Das helle, strahlende Leuchten durchdringt jede einzelne Zelle meines physischen Körpers, es erfüllt meinen Geist und lässt meine Seele erstrahlen. Ich sehe meinen gesamten Körper erfüllt und umflossen von hellem, strahlendem Licht.

Ich atme mit jedem neuen Atemzug weiter klares, helles Licht in die Mitte meines Herzens. So bin ich durchdrungen von Licht, ich bin umgeben von Licht. Ich bin ganz umgeben und umhüllt von meinem eigenen strahlenden Licht ... Ich bin ein Wesen aus Licht und ein Wesen im Licht. Ich bin Licht und ich bin im Licht. Und weil ich Licht bin, bin ich auch Liebe. Und weil ich Liebe bin, bin ich auch Licht ... Ich lebe im Licht. Ich liebe im

Licht. Ich lache im Licht. Das Licht trägt mich, das Licht nährt mich, das Licht schützt mich. Das Licht trägt mich, das Licht nährt mich, das Licht schützt mich ... immerfort.

Konzentriere dich auf die Mitte deiner Brust ... und lasse dort in deiner Vorstellung eine weißrosa Kugel auftauchen. Erschaffe in deiner Vorstellung eine weißrosa Kugel an der Stelle in deiner Brust, hinter der dein Herz für dich und dein Leben schlägt ... Eine weißrosa Kugel. Dehne die Kugel aus ... dehne sie immer weiter aus ... Dehne die weißrosa Kugel so weit aus, wie du innerlich schauen und fühlen kannst ... Dehne sie aus, und wünsche dir Ruhe und Frieden in deinem Herzen ... In deinem Herzen mögen vollkommene Ruhe und Frieden einkehren ... In deinem Herzen ist es vollkommen ruhig und friedlich ... ruhig und ganz friedlich.

Du sprichst zu dir selber: »Mit dieser Ruhe und dem Frieden in mir atme ich mit jedem neuen Atemzug wieder klares, helles Licht in die Mitte meines Herzens ... Ich sehe mich durchdrungen von Licht, ich sehe mich umgeben von Licht. Ich bin Licht und ich bin im Licht. Und weil ich Licht bin, bin ich auch Liebe. Und weil ich Liebe bin, bin ich auch Licht ... Ich lebe im Licht. Ich liebe im Licht. Ich lache im Licht. Das Licht trägt mich, das Licht nährt mich, das Licht schützt mich .... Das Licht trägt mich, das Licht nährt mich, das Licht schützt mich ... immerfort.«

Immerfort! Den für sie rettenden Charakter aller Lichtatemübungen, die wie eine Rückkehr ins Leben erlebt wurden, fasst eine Frau zusammen, die sich in ihrem Leben kurz vor dem Ertrinken fühlte:

»Die Vorschläge und Übungen mit dem Licht haben mir genau das gebracht, was ich nötig gebraucht habe, um nicht zu ertrinken und um an die Wasseroberfläche zu gelangen.«

DAS EWIGE LICHT DER WELT

Es gab eine Zeit, da waren die Menschen deutlich mehr an das Licht der Welt angebunden. Falls Sie bislang noch kein inneres Bild, keine intuitive Erinnerung oder Assoziation mit Ihrem eigenen Licht in Verbindung bringen können, erinnere ich Sie daran, in welchen Bildern und Darstellungsformen Sie das Licht der Welt mit Sicherheit schon mit Ihren eigenen Augen gesehen haben – freilich ohne bei diesen Gelegenheiten auch nur im Entferntesten an Ihr eigenes inneres Licht zu denken. Sie haben gesehen und doch nicht gesehen. Mir ging es da nicht anders als der überwiegenden Mehrheit. Gesehen habe ich schon viel früher, bloß habe ich dem, was ich sah, vor meinem eigenen Erkenntnisprozess noch keine Bedeutung zumessen können, die etwas mit meiner eigenen Existenz zu tun gehabt hätte.

Mit Sicherheit können Sie sich an Bilder und Darstellungen von Heiligenscheinen erinnern. Schon in der antiken Kunst wurden hoch gestellte Persönlichkeiten mit einem Nimbus, einer Art Heiligenschein um den Kopf dargestellt. Ein strahlender Lichtkranz umgibt in der Kunst und Ikonographie vieler Völker das Haupt oder den gesamten Körper bestimmter Lichtgestalten. Es heißt sogar, auch der Kopf des Propheten Mohammed sei von einer kreisrunden Scheibe aus Gold umgeben gewesen, bevor eine ideologisierte Auslegung des Islams seine bildliche Darstellung bei Strafe untersagte. In unserer eigenen Kultur kennen wir den Heiligenschein, die Gloriole, den Glorienschein oder die Aureole am ehesten aus der christlich religiösen Malerei. Christus, Maria, das Jesuskind, Engel, Apostel und Heilige sind mit unterschiedlich gestalteten Heiligenscheinen dargestellt.

Auch ich habe in jüngeren Jahren vielerlei Darstellungen von Heiligenscheinen gesehen. Mit mir persönlich habe ich das kaum in Verbindung gebracht. Völlig geändert hat sich das erst von dem Augenblick an, als ich mich mit der Bedeutung des klaren, hellen Lichts im Buddhismus befasste. Im Anschluss habe ich mich mit den Ursprüngen aller Weltreligionen befasst. Die Symbolik in den Darstellungen von Heiligenscheinen habe ich allerdings erst begriffen, als ich selbst bereit war, zu lernen, die Aura eines Menschen zu sehen und ansatzweise zu lesen. Als ich schließlich die Werke der bekanntesten religiösen Maler im Original nicht nur mit den Augen, sondern mit allen Sinnen schaute, wurden ganze Welten in mir zurechtgerückt. Das Licht der Welt hatte plötzlich sehr wohl mit mir selbst und jedem meiner Mitmenschen, gleich welcher Nationalität, Herkunft, Religion oder Hautfarbe zu tun. Ich veränderte meine schon länger praktizierten imaginativen Lichtatemübungen auf Grund der erfahrenen Sinnlichkeit und gab ihnen ihre derzeitige Form. Die Inhalte fügten sich in einen neuen Sinnzusammenhang ein.

Wer jemals in Assisi in der Unter- wie Oberkirche der Basilika San Francesco, mit deren Errichtung sich die damaligen Kirchenoberen des Erbes des Heiligen Franziskus bemächtigten, die Fresken von Giotto di Bondone (1267 – 1337) angeschaut hat, kann nur über dessen Kunst staunen. Giotto ist bereits weit stärker dem Licht verbunden als sein Entdecker und Lehrer Cimabue (1240 – 1302). Andächtiges Staunen ist übrigens der erste Schritt, um in ein völlig unverdächtiges spirituelles Erleben einzutauchen. Wer derart religiös inspirierte Darstellungen zu Wege bringt, kann das nur, weil er selbst zutiefst gläubig mit Gott und dessen Licht verbunden ist. Er sieht das Licht der Welt, das zugleich das Licht jedes Menschen ist. Giotto malt zu seiner Zeit noch ganz ohne perspektivische Räumlichkeit den Strahlenkranz um die Häupter der Heiligen. Wir sehen ihn als eine von goldenem Licht durchflutete Scheibe, die die Augen zu blenden vermag. Giottos Heiligenscheine sind zusätzlich von goldenen Strahlen durchwirkt, die aber nie über den Rand der goldenen Scheibe hinausstrahlen. Von Kopf bis Fuß von gleißendem goldenem Licht umstrahlt ist einzig Christus, so wie ihn Giotto im »Jüngsten Gericht« in der Arenakapelle von Padua gemalt hat. Und ausschließlich Christus ist umgeben und umhüllt von einer Aureole, einem Lichtoval in allen Farben, wie sie auch der menschlichen Aura eigen sind. Wer mit dem Herzen und der Seele sieht, dem können sich die Augen öffnen. Giotto gilt als einer der größten Meister der tief religiös inspirierten Malerei und als Wegbereiter der italienischen Renaissance. Zudem ist er der unangefochtene Virtuose des Blaus.

Der unangefochtene Meister des Lichts aber ist Fra Angelico (1395 – 1455). Geboren als Guido di Piero erhielt der Malermönch noch vor seiner späteren Heiligsprechung den Beinamen

Angelico. Angelico bedeutet: der, der dem Engel gleich ist. Mehr noch als für Giotto gilt für Fra Angelico: Wer in einem so vollkommenen Sinne spirituell religiöse Werke malen kann, muss selbst zutiefst gläubig und heilig sein. In der Tat gilt Fra Angelico als der malende »Mönch, der zum Licht des Heils strebte«, der dieses heilige Licht geatmet hat oder von ihm beatmet wurde. Fra Angelico malte unter göttlicher Eingebung. Er begann kein einziges Werk, ohne vorher innig zu beten. Er verband sich mit Christus, seinem Gott und dem Licht. Nie hat er auch nur ein einziges Werk korrigiert, denn er malte in religiöser Trance. Er konnte kein Kruzifix malen, ohne in Tränen auszubrechen. Niemand vor Fra Angelico und niemand nach ihm hat derart das Licht der Welt eingefangen und ihm gehuldigt. Bei Fra Angelico lohnt es sich, jede einzelne Gestalt daraufhin zu betrachten, wie er sie in ihr eigenes und das göttliche Licht hineingestellt hat. Seine Heiligenscheine sind nicht einfach nur von Gold durchflutete Scheiben. Jeder Heiligenschein, jeder Strahlenkranz, jede vom Licht umflossene Gestalt ist ein Kunstwerk für sich. Viele seiner Werke und Fresken, zum Beispiel »Die Madonna mit den zwölf Engeln«, die »Krönung Mariae« oder die »Verkündigung und Anbetung der Könige«, sind in einem Maß von goldenem Licht durchdrungen, das alles bislang Dagewesene überstrahlt. Der gesamte Grund der Werke ist golden, ist reines, pures Licht. Alle Heiligen stehen auf diese Weise im himmlischen Licht. Ihre einzelnen Gloriolen scheinen mit dem Glanz ihrer rubin- oder rotgoldenen Umgebung zu verschmelzen, und doch kann man als Betrachter jede einzelne mühelos ausmachen und unterscheiden. In der »Beweinung Christi« arbeitet Fra Angelico derart feinsinnig mit dem strahlenden Licht der Gestalten, dass es auf den ersten Blick unmöglich ist, alle Details in sich aufzunehmen.

Im Körper Christi können wir fast schon seinen ätherischen Körper sehen. Bei zwei knienden Frauengestalten fließt gleißendes Licht in feinen Strahlen ihre Gewänder hinunter. Der Strahlenkranz von zwei weiteren betenden Frauen ist in feinst ziselierten Goldstrahlen gehalten, keiner wie der andere. In ihrer Andacht scheint eine der beiden aus ihrem Inneren heraus zu leuchten. Sämtliche Verkündigungen, die Fra Angelico gemalt hat, sind von einem in den Bann ziehenden Lichterglanz. Der Engel der Verkündigung ist in ein vollkommenes Licht gestellt. Fra Angelico konnte nicht mit dem Dunkel in Berührung kommen, weshalb er die düsteren Szenen der Hölle in seinem »Jüngsten Gericht« von seinen Schülern malen lassen hat.

Im Kloster San Marco in Florenz hat Fra Angelico mit seinen Schülern die Zellen jedes einzelnen Mönchs mit seinen berühmten Fresken bemalt. In einer der Zellen findet sich die »Verklärung Christi«. Dieses einzigartige Fresko strahlt alles Licht der Welt aus. Wer dieses Fresko sowie alle weiteren Fresken von seiner Hand in den Zellen des Klosters San Marco nur von Reproduktionen her oder aus dem Internet kennt, kann sich kaum eine Vorstellung von ihrer Wirkung machen. Ich empfand die Chance, die »Verklärung Christi« fast eine halbe Stunde lang ungestört auf mich wirken zu lassen, wie eine Gunst von oben. Solch ein Erleben mit dem Menschen teilen zu dürfen, der meinem Herzen am nächsten steht, ist ein doppeltes Geschenk. Niemand muss im christlichen Sinne religiös sein, um die gewaltige Kraft dieses Freskos zu spüren. Es ist eine Offenbarung. Christus strahlt in seinem gleißenden Lichtoval derart, dass keiner seiner Apostel in sein blendendes Licht schauen kann, ohne seine Augen zu schützen. Vor diesem Bild in ehrfürchtiger Andacht zu verweilen, heißt, das strahlend helle klare Licht zu atmen, mit jedem neuen Atemzug zu verspüren, wie es zu- und einströmt, wie es teilhaben lässt. Wer dieses Licht in sich aufgenommen hat, kann mit der Gewissheit in der Seele fortgehen, dass es fortan immer im eigenen Inneren leuchten wird. Christus sagt: »Ich bin das Licht der Welt; wer mir nachfolgt, der wird nicht wandeln in der Finsternis, sondern wird das Licht des Lebens haben.«

Die Darstellung des Lichts und besonders des Heiligenscheins hat sich in späteren Zeiten gewandelt. Das springt nach Fra Angelico besonders ins Auge. Die Heiligenscheine wurden mit der Zeit immer durchscheinender und transparenter. Ich vermute, das hängt damit zusammen, dass die Menschen in ihrem Denken weltlicher wurden und die Kirche sich als Institution der geistlichen Macht immer stärker mit der Sünde statt mit dem Licht beschäftigte. Prunk-, Macht- und Herrschsucht, sogar Blutrausch: Je finsterer sich der Katholizismus der Kirchenoberen gebärdete, desto schwerer hatte es das Licht. Es blieb wenig von einem ursprünglich von gläubiger Andacht umwehten Mysterium. Seit dem Eintritt in die Moderne greift die Entzauberung der Welt weiter um sich. Das himmlische Licht, das vom Göttlichen auf das Menschliche strahlt, hat längst an Kraft verloren.

Bereits bei dem gelegentlich in einem Atemzug mit Fra Angelico genannten Fra Filippo Lippi (1406–1469) ist vergleichsweise wenig vom göttlichen Licht zu spüren. Bei Cima da Conegliano (1459–1517) sehen wir auf seinen Darstellungen der »Mutter mit Kind« bloß noch einen schwachen goldenen Reif um die Häupter. Zwar gilt Cima kunsthistorisch als ein Virtuose des Lichts, aber nicht mehr im Sinne des heiligen Lichtes, wie es Fra Angelico geatmet und gemalt hat. Soweit Sandro Botticelli (1444/45–1510) religiöse Motive malt, zum Beispiel die »Madonna mit Kind«, bleibt vom ehemals strahlend goldenen Glorienschein nur noch eine blasse, transparente Scheibe über den Köpfen als Nimbus. Noch deutlicher schwinden die strahlenden Gloriolen bei vielen weiteren bekannten Malern: Dürer, Rembrandt, Caravaggio, Tizian, Michelangelo, Raffael usw., die nicht ausschließlich, aber auch christlich religiöse Werke geschaffen haben. Bisweilen zeichnet sogar ausgesprochene Düsterheit ihre Meisterwerke aus. Am hellsten geht es noch bei Raffael zu. Ich schaue hier weder epochen- noch stilgetreu, ich betrachte nur die Veränderungen in der Darstellung des Lichts der Welt. Die Verehrung, die diese Maler zu Recht erfahren, beruht auf den Blickwinkeln, unter denen die Kunstgeschichte ihre Werke betrachtet: Maltechnik, Pinsel- und Linienführung, perspektivische Gestaltung, Farbgebung, räumliche Aufteilung, Hintergrundmalerei usw. Ist von der Kraft des Lichts in der Geschichte der Malerei die Rede, ist fast immer die Darstellung des äußeren und nicht inneren Lichts gemeint. Da fallen Namen wie William Turner oder Giovanni Segantini, die Jahrhunderte nach Fra Angelico als Meister im Einfangen des ungebrochenen Lichtes in der Landschaftsmalerei zu Ruhm gelangten. Das ist ebenfalls hohe Kunst, aber im Wesentlichen weltliche. Die charakteristischen Veränderungen in der Darstellungsweise des Heiligenscheins und göttlichen Lichts sind in der Geschichte der Malerei kaum ein Thema.

Einen Maler nenne ich noch, der nach Fra Angelico das Licht des Göttlichen auf die Welt abstrahlen lässt: Jacopo Tintoretto (1518–1594). In »Das letzte Abendmahl« in der Kirche San Giorgio Maggiore in Venedig gelingt es ihm über eine zugleich komplexe wie überaus reduzierte Lichtsymbolik das Mysterium der Durchdringung des Menschlichen durch das Göttliche darzustellen. »Das letzte Abendmahl« ist in eher dunklen Tönen gehalten. Licht geht nur von zwei Quellen aus. Das göttliche Licht Christi, gleißend um seinen Kopf, das auf seine Jünger fällt, ist das Licht seiner vollkommenen Liebe. Licht wie Liebe strahlen auf seine Apostel ab, deren Heiligenscheine das göttliche Licht der Menschen spiegeln. Im spärlichen Schein eines Öllichtes werden engelgleiche Gestalten sichtbar. Obwohl es wenig Licht im Außen gibt, ist der gesamte Raum des Abendmahls vom Licht und Geist des Göttlichen durchdrungen.

Mir geht es in dieser kleinen Geschichte des Heiligenscheins über die unterschiedlichen Darstellungsweisen des göttlichen wie menschlichen Lichts weder um eine kunsthistorische noch um eine künstlerische Abhandlung. Für beide fehlt mir die Kompetenz. Ich habe mir die Bilder und Fresken als ein Laie angeschaut, der für ihre kontemplative Stille und göttliche Lichtsymbolik empfänglich ist. Dennoch habe ich mich ihnen ohne innere Erwartung genähert. Ich war in keiner Weise darauf vorbereitet, von ihrem Licht, das sich als Ausdruck einer spirituell beseelten Hingabe offenbarte, sowie von den Veränderungen in den Darstellungen von Heiligenscheinen derart in den Bann gezogen zu werden. Das Licht dieser künstlerischen Werke enthält eine Botschaft an alle Menschen, die wirklich sehen und ihr eigenes Licht, das ihnen von Geburt an innewohnt, entdecken und wertschätzen möchten. Finden Menschen Zugang zu ihrem eigenen inneren Licht, finden sie einen neuen Zugang zur Welt, in der sie leben. Wirklich schauen können wir aber nur ohne all unsere Scheuklappen. Unsere religiöse Erziehung trübt ebenso unseren Blick wie unsere spätestens seit der Aufklärung vorherrschende gesellschaftliche Orientierung am rationalen Denken. Trotzdem gibt es immer wieder Menschen, denen bei der Betrachtung eines lichtvollen Kunstwerks, eines Freskos oder einer Gedenk-, Grab- oder Pilgerstätte eine Offenbarung zuteilwird, so dass ihr Leben danach nie wieder wie vorher ist.

Es passt ins Bild, dass ich wohl allerlei Beiträge gefunden habe, die den Heiligenschein als rein physikalisch erklärbares Phänomen deuten und ihn als »scheinheilig« entzaubern wollen, aber kaum eine kunsthistorische Einlassung, die eine Verbindung zwischen dem göttlichem und menschlichem inneren Licht bzw. der göttlichen und menschlichen Aura hergestellt hätte.

Niemand, der ein materialistisch-naturwissenschaftlich geprägtes Welt- und Menschenbild vertritt, kann erklären, weshalb Menschen, die erlernen, die menschliche Aura zu sehen, sie mit der Zeit immer genauer sehen. Sehen sie zu Anfang nur die erste äußere transparente Schicht der menschlichen Lichthülle, beginnen sie nach einiger Zeit auch deren farbige Schichten zu sehen, zum Beispiel, wenn sie durch das konsequente Praktizieren von Lichtatemübungen und anderen spirituell öffnenden Meditationen ihre eigenen Wahrnehmungskräfte erhöhen. Das, was sie sehen, entspricht dem farbigen Licht der Aureole, mit der Giotto oder Fra Angelico Christus dargestellt haben. In zahlreichen Kirchengewölben haben Maler Gleiches getan, sei es aus eigener Inspiration, als Kopist oder als Restaurator. Nicht wenige Restauratoren bezeugen, wie sie sich von etwas Besonderem, einer Art heiligem Zauber ergriffen fühlen und als Werkzeug von etwas viel Größerem erfahren.

Etliche Jahrhunderte nach Fra Angelico findet sich in Gustav Klimt (1862 – 1918) ein Maler des österreichischen Jugendstils, der während seiner goldenen Periode ungehemmt in Gold schwelgte. Wir könnten uns oberflächlich an Fra Angelico erinnert fühlen, trotz des gänzlich anderen Zeitgeistes. Doch der größte Unterschied ist ein anderer: Sind die verschwenderisch mit Gold durchwirkten Bilder Klimts schön und gefällig anzuschauen, strahlen Fra Angelicos Werke das aus, was die Restauratoren bezeugen: ein besonderes bzw. göttlich-heiliges, begnadetes Licht. Viele Details in den Bildern des Malermönchs erfassen unsere Augen erst, wenn wir sie als Ausschnitte in der Vergrößerung betrachten. Ein Motiv findet sich als nahezu lebensgroße Ausschnittvergrößerung besonders oft: die beiden Engel in blauem Gewand aus der »Krönung Mariae«. Das Bild zu diesem Ausschnitt ist in den Uffizien in Florenz zu bewundern. Wir können diese berühmten Engel noch so oft betrachten, wir finden ständig neue, bislang nicht geschaute Details. Wir sehen feinste Wunderwerke aus Licht und Gold. Mit rein menschlichen Maßstäben gemessen, bleibt es uns ein Rätsel, wie Fra Angelico derart Übermenschliches vollbringen konnte. Wie heißt es im Thomasevangelium: »Wenn einer Gott gleich ist, wird er sich mit Licht füllen.« Dann kann er im erleuchteten Zustand das himmlische Licht für die Augen sichtbar machen.

Mein Ziel ist es nicht, Menschen von irgendetwas zu überzeugen, sondern dazu beizutragen, dass es ihnen so gut wie möglich geht. Ich möchte ihnen helfen, dass sie sich Leiden, die sie sich ersparen können, tatsächlich ersparen. Zu leiden ist schließlich kein Selbstzweck. Sobald Menschen sich innerlich dafür öffnen, an ihr eigenes inneres Licht, ihren goldenen Kern zu glauben, geht es ihnen besser.

Andere Kulturen sind viel weniger scheu. Für sie ist das göttliche Licht der Welt in uns Menschen gelebter Alltag. Den Gruß »Namasté« praktizieren Milliarden von buddhistisch oder hinduistisch geprägten Menschen. Mit ihm begrüßen sich im Westen Frauen und Männer, die Yogakurse besuchen, oftmals ohne seine tiefere Bedeutung zu kennen. In diesem Gruß werden der Wert und die Würde eines jeden Menschen anerkannt. Denn »Namasté« bedeutet: »Ich grüße dein inneres Licht«, wobei diese Übersetzung die eigentliche Bedeutung bereits für unser westliches Begriffsvermögen heruntergebrochen hat. Wörtlich heißt Namasté: »Ich grüße deine innere Göttlichkeit.«

Während ich dieses Kapitel über das Licht der Welt schreibe, spüre ich eine tiefe Resonanz. Es ist ein Klingen und Schwingen in mir, das hell und licht ist, ein feines Vibrieren von summender Freude und innerem Jubilieren, eine Freude wie Sonnengeflecht oder wie schwerelos in der Luft tanzender Goldregen. Es taucht die besondere Art von innerer Fröhlichkeit wieder auf, wie ich sie vor einigen Jahren schon einmal empfinden durfte, als ich mein Buch »Zeit für Mitgefühl« schrieb. In heutigen konzeptionellen Begrifflichkeiten wäre sie am ehesten vergleichbar mit Flow, der selbstvergessenen Hingabe an etwas, das wir tun. Aber sie ist so viel mehr als das.

KINDER SIND EIN VERSPRECHEN AUF DIE ZUKUNFT

Was wäre unsere Welt ohne Kinder? Sie sind unser einziges Versprechen auf die Zukunft. Kind zu sein, bedeutet jedoch längst nicht für alle Kinder, eine Kindheit erleben zu dürfen. Viele Kinder und Jugendliche werden viel zu früh aus ihrer Kindheit vertrieben.

Auch in unserer Gesellschaft gibt es bei immer mehr Mädchen wie Jungen Anzeichen dafür, dass dem so ist. Es lassen sich zwar viele Ursachen für diese Entwicklung ausmachen, aber wir verfügen kaum über heilende Gegenmittel. Nicht nur Mütter und Väter könnten manchmal verzweifeln, weil sie an ihre Kinder nicht mehr herankommen. In sozialen Arbeitsfeldern fragen sich viele Menschen, wie sie innerlich verletzten, traurigen, leidenden, verlorenen Jungen und Mädchen noch helfen können. Weil viele alt vertraute Kinder- und Jugendhilfeangebote sowie sozialpädagogische oder therapeutische Methoden heutzutage ins Leere laufen, fühlen sich viele Beschäftige in helfenden oder heilenden Berufen selbst hilflos. Für meine eigene Arbeit mit Kindern und Jugendlichen wie für diese helfenden Berufsgruppen habe ich deshalb eine Variante der Lichtübungen erprobt, die ich ebenfalls als Angebot in dieses Buch aufnehmen möchte. Es handelt sich um eine Maximalübung. Es ist möglich, sie in einem Guss durchzuführen oder sie in zwei, drei Teilen zu praktizieren. Ebenso können Sie einzelne Aspekte herausgreifen, um diese besonders stark zu gewichten.

»Lasset die Kinder zu mir kommen«! – Missverstehen Sie diesen Satz, wie ihn Jesus gesprochen hat, nicht als Anmaßung. In unseren heutigen Realitäten ist er als Plädoyer und ein Weckruf gedacht, Kindern und Jugendlichen wieder die Aufmerksamkeit zu schenken, die ihnen zusteht. Das ist eine gänzlich andere Aufmerksamkeit als diejenige moderner »Helikoptereltern«. Ein Begriff, der dafür steht, dass Eltern in unserer Funktionsgesellschaft zunehmend dazu neigen, ihre Kinder überzubehüten und ihnen dadurch die Luft zum Atmen zu nehmen. Kinder brauchen Spielräume. Vor allem brauchen sie aber eines: Liebe, und zwar eine, die mit Vertrauen einhergeht. Nur dann können sie in sich selbst vertrauen. Kinder wissen durchaus zu unterscheiden. In ruhigen Momenten danach gefragt, was sie sich am meisten in ihrem Leben wünschen, antworten nicht wenige: »Wärme«. Sie drücken auf diese Weise aus, dass es ihnen an Liebe und dem Gefühl, sich verstanden zu fühlen, fehlt.

Übung

18

»Lasset die Kinder zu mir kommen« oder: Wo Licht ist, ist auch Wärme und Liebe

Setze dich bequem an einen ruhigen Ort hin und schließe die Augen. Falls es dir nicht möglich ist, die Augen zu schließen, weil du vielleicht Angst bekommen könntest, die Kontrolle über irgendetwas zu verlieren, dann fixiere einen Punkt auf dem Boden, etwa einen Meter vor deinen Füßen. Nimm eine bequeme Haltung ein. Falls du dir gerne dein Kissen oder deine Decke von deinem Bett dazu nehmen möchtest, um dich schön einzukuscheln, dann hole sie jetzt noch ...

Nachdem du dich jetzt gut eingerichtet hast, spüre, wo dein Körper Kontakt zur Lehne, zum Sitz oder zum Boden hat. Achte nun zuerst auf deine Atmung, gleichgültig, wohin du atmest, ob in den Bauch oder in die Brust. Nimm nur einige Atemzüge lang wahr, wie du atmest, dass du atmest und dass dein Atem kommt und wieder geht, ohne dass du etwas dafür tun müsstest ... Mache dir einen Augenblick bewusst, dass das Atmen in deinem Leben etwas ist, wofür du dich normalerweise nicht anzustrengen brauchst. Dein Atem kommt und geht von alleine. Als Einatem strömt er leicht und fließend in dich hinein und als Ausatem wieder aus dir heraus. Es gibt da in deinem Leben also zumindest einen Bereich, der für dich ganz und gar ohne Anstrengung funktioniert. Mache dir das noch einmal ausdrücklich bewusst.

Und nun vertiefe deine Atmung ein wenig, indem du vermehrt in den Bauch hinein atmest ... Du kannst dabei spüren, wie sich deine Bauchdecke mit dem Atmen leicht hebt und senkt. Alleine dadurch, dass du ruhiger und tiefer atmest, beruhigt sich dein Herz. Es schlägt ruhiger und sanfter. Durch dein ruhiges Atmen beruhigen sich auch deine Gedanken. Alles in dir wird ruhiger und entspannter.

Und nun stell dir vor, dass du deinen Atem bei jedem Ausatmen durch deine Arme fließen lässt. Stell dir genau vor, wie du den Ausatem durch deine beiden Oberarme, die Unterarme und deine Hände schickst und ihn schließlich durch die Fingerspitzen wieder austreten lässt. Du kannst genau spüren, wie dein Ausatem durch deine Arme strömt, vielleicht wirklich wie ein leichtes Strömen oder Kribbeln ... Falls du es aber nur in der Vorstellung verfolgen kannst, wie dein Ausatem durch deine Arme strömt, ist es genauso in Ordnung. Bleibe für einige Atemzüge bei der Wahrnehmung, wie dein Ausatem durch deine Arme strömt. Du kannst dir das vorstellen, denn Vorstellungskraft ist Zauberkraft. Falls du dir nicht zu komisch vorkommst und dich traust, gib deinem Atem beim Ausatmen einen leisen Ton, vielleicht wie ein leichter Wind, der durch die Blätter rauscht.

Und jetzt stell dir bitte vor, dass du deinen Atem beim Ausatmen durch deinen gesamten Körper schickst. Du lässt ihn langsam durch deinen Brustkorb, durch den Bauch und dein Becken, die Oberschenkel und die Unterschenkel wandern, bis du ihn durch deine Fußsohlen wieder in die Erde verströmst ... und mit deinem nächsten Ausatem schickst du die Luft wieder durch deinen ganzen Körper, bis sie an den Fußsohlen schließlich wieder austritt ... Ruhig und regelmäßig folgst du in deiner Vorstellung diesem Atemrhythmus ... Vielleicht kannst du wieder richtig körperlich spüren, wie dein Ausatem durch den Körper fließt. Ist es ein leichtes Kribbeln oder tatsächlich ein körperlich spürbares Dahinströmen, das du wahrnimmst? ... Oder ist es eher so, dass du den Weg deines Atems durch den Körper bloß bildlich in deiner Vorstellung verfolgst? ... Es gibt kein Richtig oder nicht Richtig, es gibt bloß deine Wahrnehmung. Und falls du magst, kannst du deinem Ausatem wieder einen leisen Ton geben, du musst aber nicht. Mache das nur, wenn du das wirklich magst, wenn du Gefallen daran findest.

Mit deiner Wahrnehmung ganz bei deinem Atem, atmest du ohne Hast und Eile ruhig weiter. Dein Atem kommt, er erfüllt dich mit Luft zum Leben, und du schickst ihn beim Ausatmen auf die Reise durch deinen Körper, bis er an den Fußsohlen wieder austritt. Dein Atem kommt und dein Atem geht, gleichmäßig fließend, ... ruhig, ... beruhigend, ... ruhig, ... beruhigend ... Dein Atem fließt, er strömt in dich hinein und er strömt wieder aus dir heraus, ... er kommt und er geht. Du merkst, wie es tatsächlich immer ruhiger in dir wird.

Und nun stelle dir vor, wie du beim Ausatmen alle deine derzeitigen Sorgen und Nöte, alle deine Ängste, schwarzen Gedanken und Selbstzweifel an deinen Ausatem heftest und sie mit ausatmest. Du kannst dir das vorstellen, denn Vorstellungskraft ist Zauberkraft ... Beim Ausatmen heftest du alle deine Ängste, schwarzen Gedanken und Selbstzweifel an deinen Ausatem und atmest sie einfach aus. Du kannst dir vorstellen, wie sie mit deinem Ausatem wie eine dunkle Wolke von dir wegschweben. Dadurch fühlst du dich leichter und freier. Schau genau zu, wie die dunkle Wolke von dir wegschwebt ... immer weiter weg von dir. So wird dir leichter um dein Herz.

Stelle dir nun vor, wie du mit jedem Einatmen strahlend helles, weißes Licht in die Mitte deines Herzens atmest. Vielleicht findest du das am Anfang ein bisschen komisch, doch probiere es einfach einmal aus. Mit jedem Einatmen atmest du leuchtend helles, weißes Licht in die Mitte deines Herzens ... helles, weißes Licht in die Mitte deines Herzens ... Und weil du mit jedem weiteren Einatem immer neues strahlend helles Licht in die Mitte deines Herzens atmest, verdichtet sich dieses helle, strahlende Licht an der Stelle in deiner Brust, hinter der dein Herz für dich und dein Leben schlägt ... Das Licht verdichtet sich dort zu einer strahlend hellen Sonne oder zu einem leuchtenden, runden Kristall. Und immer weiter atmest du strahlend helles, weißes Licht in die Mitte deines Herzens, so dass die leuchtende Sonne oder der runde Kristall in deiner Brust immer heller und strahlender werden.

Mit jedem Einatem atmest du helles, weißes Licht in die Mitte deines Herzens, und dieses strahlend weiße Licht der leuchtenden Sonne fängt an sich auszudehnen. Das Licht dehnt sich in deinen gesamten Brustraum hinein aus, es dehnt sich immer weiter aus: in deinen Bauch und in dein Becken hinein. Und immer neu atmest du helles, weißes Licht in die Mitte deines Herzens hinein, so dass das Licht sich weiter ausdehnt: in deine Beine und Füße hinein, in deine Arme und Hände. Und das strahlend leuchtende, weiße Licht wandert durch deinen Hals hoch in den Kopf und erfüllt so auch deinen ganzen Kopf ... Arme und Beine, dein gesamter Körper ist durchdrungen und erfüllt von diesem strahlend hellen, weißen Licht ... Das Licht dringt in jede deiner Körperzellen ein, du bist erfüllt und ausgefüllt von diesem hellen, strahlenden Licht. Das Licht dehnt sich aus bis an die Grenzen deiner Haut. Du siehst dich völlig ausgefüllt von diesem hellen, weißen Licht.

Und jetzt stell dir vor, dass sich dieses strahlend helle, weiße Licht noch weiter ausdehnt. Es dehnt sich über die Grenzen deiner Haut hinaus aus, etwa vier bis fünf Zentimeter über deine Haut hinaus. Du siehst dich ausgefüllt und umhüllt von dieser Schicht aus strahlend hellem, weißem Licht ... Das Licht umgibt dich wie eine schützende Hülle. Du siehst dich umflossen von einer schützenden Schicht aus strahlend hellem, weißem Licht. Und in dieser Schutzhülle aus Licht kannst du dich jetzt ganz sicher und geborgen fühlen. Deine Schutzschicht aus hellem, strahlendem Licht schränkt dich in keiner Weise ein, du kannst alles sehen, hören, spüren, fühlen, wahrnehmen. Aber du fühlst dich zuverlässig geschützt von diesem strahlend hellen, weißen Licht, das dich umfließt. Mit jedem Fließen deines Atems spendet dir die leuchtende Schicht um dich herum mehr Sicherheit. Von Kopf bis Fuß bist du sicher eingehüllt in dieses strahlend helle Licht, das dich umgibt.

Sicher geborgen in deiner Schutzhülle aus hellem, weißem Licht kannst du nun beginnen, darauf zu vertrauen, dass dich nichts Abwertendes, Böses von außen mehr angreifen kann. Keine Ängste, Probleme oder dunklen Mächte von außen können dich mehr erschrecken, denn deine Schutzhülle aus hellem, strahlendem weißen Licht ist um vieles stärker als alles Dunkle, Schlechte, Böse von außen, das dich angreifen mag. Was an Dunklem, Schwerem, Bösem, an Leid und Not, an Trauer und Schmerz von außen auf dich einströmt, wird genau an der Stelle aufgelöst, wo es auf deine strahlend helle Schutzhülle aus weißem Licht trifft. Nichts kann dieses Licht von außen durchdringen, um in dich einzudringen. Dort, wo es auf deine Schutzhülle aus Licht trifft, wird es aufgelöst und geht selber ins Licht. Denn das ist seine Bestimmung ... All das vermagst du dir vorzustellen, denn Vorstellungskraft ist Zauberkraft.

An deiner Schutzhülle aus hellem, strahlend weißem Licht löst sich alles Dunkle, Schwere, Leidvolle auf, und zwar ohne dass dir selbst in irgendeiner Weise etwas von deinem Licht abgezogen würde oder dass sich deine Schutzhülle aus Licht verbrauchen würde. Denn mit jedem neuen Einatem atmest du weiter strahlend helles, weißes Licht in die Mitte deines Herzens – strahlendes Liche, das sich ausdehnt, dich erfüllt und umfließt. So bist du dauerhaft und immerfort geschützt von deiner eigenen Hülle aus hellem, weißem Licht. Vorstellungskraft ist Zauberkraft.

Das Licht hilft dir sogar noch weiter. Wo dein Licht ist, kann zwar noch Schatten sein, aber kein Dunkel mehr. Und wo dein eigenes Licht ist, ist immer auch Wärme und Liebe ... Wo dein Licht ist, ist immer auch Wärme und Liebe.

Mit jedem neuen Atemzug atmest du weiter Licht in die Mitte deines Herzens. Weil das Licht immer auch Wärme und Liebe ist, atmest du gleichzeitig Wärme und Liebe in die Mitte deines Herzens. So bist du durchdrungen von Licht, von Wärme und von Liebe. Du spürst, wie es dir warm wird um dein Herz und wie sich diese Wärme überall in dir ausbreitet ... Du fühlst dich ausgefüllt und umflossen von Wärme und Liebe. Und so weißt du ganz unverbrüchlich, ganz ohne Zweifel, ganz tief in deinem Inneren, dass du

ein wertvoller, liebenswerter Mensch bist. Du hast einen Wert, dein Leben hat einen Wert. Du bist wertvoll und liebenswert, denn du bist erfüllt von hellem, strahlendem Licht, von Wärme und von Liebe.

Als wertvoller, liebenswerter Mensch darfst du dich selbst annehmen, an dich glauben und dich selbst gerne haben, und du darfst zulassen und annehmen, dass andere Menschen dich mögen und lieben. Du bist ausgefüllt und umgeben von Licht, von Wärme und von Liebe. Du bist Licht, Wärme und Liebe. Du leuchtest, du strahlst und du strahlst Licht aus. Du bist ein leuchtender, ein strahlender Mensch. Du bist ein Kind, ein junger Mensch und ein Wesen aus Licht, aus Wärme und aus Liebe. Und du bist ein Wesen im Licht und in der Liebe. Du bist ein Lichtwesen. Und weil du Licht bist, bist du auch Liebe. Und weil du Liebe bist, bist du auch Licht. Das Licht schützt dich, das Licht trägt dich, das Licht nährt dich ... Das Licht trägt dich, die Liebe nährt dich. Das Licht schützt dich, die Liebe heilt dich ... Das Licht schützt dich, die Liebe heilt dich.

Weiter zuverlässig und in alle Zukunft dauerhaft von deiner Hülle aus Licht, Wärme und Liebe umflossen und geschützt, kannst du nun wieder ganz zu dir selbst zurückkehren und langsam wieder die Augen öffnen.

Nur Mut! Trauen Sie sich ruhig, mit der Übung »Lasset die Kinder zu mir kommen« zu arbeiten. Haben Sie keine Scheu vor großen, dick aufgetragenen Gefühlen. Probieren Sie es aus. Passen Sie die Übung den Kindern und Jugendlichen an, die zu Ihnen kommen. Bei der wachsenden Zahl an sich selbst verletzenden, ritzenden oder schneidenden Mädchen passe ich Teile der Übung maßgeschneidert dem jeweiligen Verhalten an. Verletzen sich die jungen Frauen nach den ersten Erfahrungen mit den heilsamen Effekten der Übung deutlich weniger oder sogar überhaupt nicht mehr, sollte das Anlass genug sein, sich dieser imaginativen Hilfestellung zu bedienen.

Tun Sie sich als Mutter, Vater oder ein in einem helfenden Beruf tätiger Mensch schwer damit, zu glauben, dass die geführten Anleitungen nachhaltige Auswirkungen auf Kinder oder Jugendliche haben können? Dann hoffe ich, dass Sie das nachstehende Zeugnis einer 16-jährigen Schülerin mit selbstverletzendem Verhalten zum Ausprobieren ermuntert:

»Ja, ich mache die Lichtübung immer wieder, seit Sie sie mir gezeigt haben. Ich liege oft abends in meinem Bett und stelle mir vor, wie ich das Licht einatme. Ich habe sogar die Sätze behalten: ›Das Licht schützt mich. Das Licht trägt mich. Das Licht nährt mich.‹ Ich wiederhole mir das immer wieder. Und seit ich das mache, verletzte ich mich immer weniger. Schneiden tue ich mich so gut wie gar nicht mehr, und wenn, dann nicht so tief wie früher, höchstens leicht. Wenn ich mir weh tun will, dann mache ich das heute eher mit Kratzen und den Fingernägeln. Aber sowieso nur selten gegenüber vorher. Ich kann gut an das Licht glauben und mein Selbsthass gegen mich ist auch schon viel weniger geworden. Ganz weg ist er noch nicht. Einen Rest halte ich irgendwie fest. Aber ich glaube, ich komme noch dahin, dass das alles gut wird.«

Ich könnte viele ähnliche Rückmeldungen wiedergeben.

SORGENKINDER INS LICHT STELLEN

Wir können mit Lichtübungen nicht nur unser eigenes Licht wieder unter dem Scheffel hervorholen, um es leuchten zu lassen. Ebenso ist es möglich, in unserer Vorstellung andere Menschen, die unserem Herzen nahestehen, uns aber Sorgen bereiten, in ein helles Licht zu stellen. Ich durfte oft genug erleben, wie sich durch diese imaginative Lichtarbeit indirekt etwas heilsam in der Beziehung zu den Sorgenkindern verändert hat.

Die Sorgenkinderübung können Sie zum Beispiel als Mutter und Vater anwenden, falls eines Ihrer Kinder Ihnen Kummer bereitet. Es kann aber auch ein Ihrem Herzen auf andere Weise nahestehender Mensch sein, um den Sie sich sorgen. Die Übung kann ebenso gut von Menschen in helfenden oder lehrenden Berufen eingesetzt werden, die bereits vieles an Hilfen für Kinder, Jugendliche oder sonstige ihnen anvertraute Menschen versucht haben, ohne dass etwas gegriffen hat. Versuchen Sie es in dem Fall mit einer einfachen, aber hilfreichen Vorstellung: Stellen Sie den Menschen, den sie zu erreichen suchen, in ein helles, rosa Licht hinein.

Übung

19

Ein Sorgenkind in rosa Licht hüllen

Sie stellen sich den Menschen, um den sich Ihre Sorgen drehen, möglichst genau vor. Sie sehen ihn vor Ihrem inneren Auge mitsamt den Sorgen auftauchen, welche er Ihnen bereitet ... Und dann stellen Sie ihn in Ihrer Vorstellung außerhalb von sich, Ihnen gegenüber in angemessenem Abstand, in ein helles, rosa Licht, von dem er ganz eingehüllt wird. Sie können sich mit Ihrer Vorstellung auf den Kopf und den Oberkörper der Person oder auch ganz auf deren Gesicht konzentrieren – ganz umgeben und eingehüllt von hellem, rosa Licht, nur von hellem, rosa Licht. Halten Sie dieses Vorstellungsbild eine ganze Weile aufrecht und wiederholen Sie es zu verschieden Gelegenheiten ... Sie brauchen sich bei dieser Vorstellung weiter nichts zu wünschen. Geben Sie Ihren Gedanken keine Zielrichtung, was sich gemäß Ihren eigenen Wünschen verändern sollte. Gehen Sie nicht in eine Erwartungshaltung hinein. Stellen Sie die Person einfach nur in ein helles, rosa Licht. Hellrosa ... Tun Sie nichts weiter. Es gibt da nichts weiter für Sie zu tun. Seien Sie nur offen für alles, was geschehen mag und darf. Nichts weiter! Gar nichts weiter! Ausschließlich helles, rosa Licht ... helles, rosa Licht. Nach einer Weile lassen Sie Ihre Vorstellung langsam verblassen und kehren zu Ihrer Tagesaktivität oder zu Ihrer Nachtruhe zurück.

Lassen Sie sich von der Sorgenkinderübung überraschen und staunen Sie über das, was möglicherweise geschehen wird.

Die Übung biete ich extrem leidgeprüften Müttern und Vätern von Drogen missbrauchenden oder suchtabhängigen Kindern und Jugendlichen an. Ich tue dies vor allem dann, wenn die

Kinder und Jugendlichen mal wieder so tief in den Brunnen ihrer Sucht gefallen sind, dass scheinbar nichts mehr helfen mag. Nach der Übung erhalte ich von Elternseite regelmäßig Rückmeldung. Selbstverständlich gibt es keine Garantie auf Veränderung. Aber zum großen Erstaunen entmutigter Eltern vollziehen sich fast immer bemerkenswerte Wandlungen. In einer der letzten Rückmeldungen, die ich erhielt, berichtet eine Mutter von ihrem heroinabhängigen, zwanzigjährigen Sohn:

»Als ich nachts wieder aufgewacht bin und vor Angst um meinen Sohn nicht mehr einschlafen konnte, habe ich ihn mir lange im rosa Licht vorgestellt. Ich hatte die Tage danach ein völlig verwandeltes, anderes Kind. Mein Sohn ist zu mir gekommen und hat mir unter Tränen erzählt, dass er allein nicht mehr aufhören kann mit Heroin. Am nächsten Tag ist er freiwillig von sich aus in die Klinik zur Entgiftung. Das hat er bislang immer weit von sich gewiesen, weil er das nicht bräuchte. Er wäre nicht abhängig. Ich sollte ihn hinfahren. Dass er jetzt nichts mehr nimmt, wieder arbeitet und eine neue Freundin hat, ist für mich alles noch wie ein kleines Wunder.«

Wiederum ist das nur eine Elternstimme von mittlerweile vielen ähnlichen. Lehrer haben diese Übung an provozierenden Schülern ausprobiert, Sozialarbeiterinnen mit Klientinnen und Versicherungsangestellte mit Kolleginnen. Eine Garantie auf Wirkung gibt es nicht – aber viele, viele positive Überraschungen. Hätte ich all diesen Menschen diese so einfache Übung vorenthalten, wäre das eine sträfliche Form unterlassener Hilfeleistung.

MEDITATIONEN ZUR ÖFFNUNG DES HERZENS

In meiner Arbeit mit Tausenden von jungen wie erwachsenen Menschen im präventiven, beratenden und therapeutisch heilenden Bereich habe ich über die Jahre hinweg immer wieder gleiche oder ähnliche Sehnsüchte und Wünsche gehört. Viele dieser Wünsche von Frauen wie Männer, Jungen wie Mädchen beziehen sich auf das Herz: »Ich wünschte, ich würde öfters mein Herz spüren«, »Es wäre schön, wenn ich mein Herz mehr spüren würde«, »Es ist oft so eng um mein Herz, ich fühle mich wie eingeschnürt oder erdrückt. Ich möchte mich so gerne von dieser Enge befreit sehen und mein Herz weit offen spüren« oder »Ich würde mich so gerne verbunden fühlen, es ist schrecklich, mich immer so abgeschnitten zu fühlen. Ich spüre mich selbst schon so wenig und kann nur ganz selten mit anderen irgendwie mitfühlen.« Es ist das verschlossene Herz, das sie leiden macht, wenn Menschen sagen: »Ich bin so zu.«

Immer wieder kamen mir in solchen Situationen die Worte des Eisernen Heinrichs im »Froschkönig« der Brüder Grimm in den Sinn, wie ich sie als Kind in meinen Märchenbüchern gelesen hatte: »Es ist ein Band von meinem Herzen.« Über die Jahre hinweg hat sich mir darüber eine gänzlich neue Lesart des Märchens aufgedrängt, die sehr viel mit dem Spüren des Herzens, Mitgefühl, goldenen Kugeln und letztlich sogar mit dem Sinn des Lebens zu tun hat.

Es ist doch geradezu eine Diagnose unseres modernen »Way of Life«, wenn so viele Menschen feststellen: »Ich suche mich selbst«; »Ich will mich mehr spüren«; »Nur wenn ich mein Herz spüre, weiß ich, dass es mich doch noch gibt«; »Wenn ich mich nicht spüre, verliere ich mich, und dann verliere ich auch mein Leben aus den Augen«; »Wenn ich mein Herz spüre, bin ich bei mir, und dann weiß ich auch, wo mein Platz ist, und was mir im Leben wichtig ist«; »Es ist mir immer wieder ein Warnsignal, wenn ich mal wieder registriere, dass ich ja mein Herz gar nicht mehr spüre und mich so unverbunden fühle«; »Ich möchte nicht länger zulassen, dass es mir so eng ums Herz wird, dass es sich anfühlt, als würde es von Ringen zerquetscht.«

Diese Menschen verbindet eines: Alle suchen sie eine Art Wahrheit, die mehr mit Spüren als mit Denken zu tun hat. Auf den französischen Mathematiker und Philosophen Blaise Pascal (1623–1662) geht die Unterscheidung in eine »Logik des Herzens«, eine »Logik der Gefühle« und eine »Logik des Verstandes« zurück. Pascal benennt damit drei unterschiedliche Wahrnehmungsweisen, mit denen wir die Welt im Allgemeinen und unseren Platz darin im Besonderen erkennen. In seinen »Pensées« (Gedanken) schreibt er: »Wir erkennen die Wahrheit nicht mit der Vernunft allein, sondern auch mit dem Herzen.«

Er weist dem Herzen beim Erkennen sogar eine herausragende Stellung zu, wenn er schreibt: »Das Herz hat seine Vernunft, die der Verstand nicht kennt.« Die Pascalsche »Logik des Herzens« findet sich bei Antoine de Saint-Exupéry wieder. In »Der kleine Prinz« heißt es: »Man sieht nur mit dem Herzen gut.«

Bittere Tränen könnten wir bisweilen angesichts all der eisernen Ringe und Bänder, die wir im Laufe unseres Lebens um unser Herz gelegt haben, vergießen. Sie sind der Fachmann oder die Fachfrau Ihres Lebens. Überprüfen Sie daher ruhig einmal die eisernen oder ideellen Bänder und Ringe, welche Ihr Herz umgeben. Ihr Herz zu spüren ist vielleicht nicht alles, aber ohne Ihr Herz zu spüren, ist alles nichts. Öffnen Sie es also mit der Unterstützung meiner Übungen getrost und reichen dem Eisernen Heinrich eine Hand: »Es ist ein Band von meinem Herzen, das zerspringt!«

Unser Herz kann sprechen und es kann brechen. Es zu spüren, ist keine willentliche Entscheidung unseres Bewusstseins. Es sprechen zu lassen und seiner Stimme zu lauschen, ist nur möglich, wenn wir einen Zugang zu uns selbst und eine feinfühlige und achtsame Innerlichkeit entwickelt haben sowie gnädig mit uns selbst sein können. Wir können nicht einfach einen Hebel umlegen, um unser Herz zu spüren. Wir können die Öffnung des Herzens jedoch unterstützen, indem wir bewusst den Kontakt zum fühlenden Herzen herstellen. Anfänglich hilft uns dabei eine sehr einfache Imaginationsübung.

Übung

20

Habe Sonne im Herzen

Setze dich bequem hin und schließe deine Augen. Ob dir Gedanken durch den Kopf schießen wollen oder nicht, ist völlig unerheblich. Es ist, wie es ist. Du fängst einfach an, etwas tiefer zu atmen ... Lenke deinen Atem dabei gezielt in deinen Bauch hinein, so dass du spüren kannst, wie sich deine Bauchdecke mit dem Ein- und Ausatmen hebt und wieder senkt. Nimm aufmerksam wahr, dass du atmest und wie du atmest ... Du atmest ein ... Du atmest aus. Einatmen ... ausatmen, ein ... aus ... Schon alleine das verlangsamte und vertiefte Atmen besänftigt deine Gedankenflut sowie dein Nervenkostüm und lässt dein Herz in deiner Brust gleichmäßiger und ruhiger schlagen.

Während du weiter ruhig ein- und ausatmest, stelle dir vor, dass dein Herz genau in deinem Rhythmus mit ein- und ausatmet. Lenke deine innere Aufmerksamkeit und Vorstellung dorthin in deiner Brust, wo dein Herz sitzt, und lasse es mitatmen. Vor deinem inneren Auge kannst du genau sehen, wie dein Herz mit ein- und ausatmet ... Du kannst auch sehen, welche Farbe dein Herz hat, wenn du es atmen lässt ... Bleibe mit deiner Vorstellung noch für etliche Momente bei deinem atmenden Herzen.

Und dann stelle dir eine Situation vor, die du in natura bestimmt schon öfter beobachtet und andächtig genossen oder bewundert hast: Stelle dir einen schönen morgendlichen Sonnenaufgang vor – in einer Landschaft oder Umgebung, wie es dir gerade beliebt ... Du siehst genau, wie die Sonne aufgeht und beginnt, den Tag zu erhellen. Der ersten zarten Morgendämmerung folgt eine bezaubernde Morgenröte ... Dann taucht die Sonne am Horizont empor und erhebt sich höher und höher, bis sie schließlich alles um dich herum mit ihrem strahlend hellen Licht erleuchtet und wärmt.

Und jetzt stelle dir vor, wie dieser Sonnenaufgang sich in deiner Brust, in deinem Herzzentrum vollzieht. Du siehst die Sonne in der Gegend deiner Brust aufsteigen, in welcher dein Herz für dich und dein Leben schlägt ... Zuerst wird dein Herz von den allerersten zarten Strahlen der Morgensonne erreicht, dann in eine sanfte Röte getaucht und schließlich von dem immer heller werdenden Licht der Sonne erleuchtet und erwärmt, bis es in einem gleißenden, unermesslichen Licht erstrahlt. Du spürst das Licht, du spürst die Wärme.

Du kannst dir nun sogar vorstellen, dass dein Herz selbst die aufgehende Sonne ist. Mit jedem Atemzug lässt du es ein wenig mehr aufleuchten und erstrahlen ... bis seine Lichtstrahlen und seine Wärme jede Pore, jede Zelle und jeden Winkel deines Körpers und deiner Seele erreichen ... Du siehst und spürst dein Herz atmen und leuchtend erstrahlen.

Und nun kannst du dir noch vorstellen, wie du dein Herz ganz sanft und sorgsam in deine eigenen Hände nimmst, wie du es behutsam in der Schale deiner Hände birgst und dort ruhen lässt ... Du hältst dein atmendes und leuchtendes Herz in deinen eigenen Händen wie einen unermesslich kostbaren Schatz.

Je nach eigenem Welt- und Menschenbild oder Glauben darfst du dir auch vorstellen, dass dein Herz von den Händen eines anderen mitfühlenden Wesens mit liebender Güte berührt wird: von einem Engel, von Jesus, von Buddha, einer heiligen Gestalt oder von einem weisen Mann oder einer weisen Frau, die in deiner Vorstellung auftauchen mögen. Falls du ein solches Wesen nicht augenblicklich vor dir sehen kannst, warte einige Augenblicke geduldig, bis seine Gestalt vor dir erscheinen mag.

Stelle dir zum Schluss noch einmal dein Herz vor und spüre aufmerksam hinein. Lasse dabei alles so, wie du es genau in diesem Augenblick vorfindest ... Wenn du dann langsam wieder die Augen öffnest, nimm dir vor, in Zukunft möglichst häufig die Sonne in deinem Herzen aufgehen zu lassen.

Bei Menschen, die der Übung »Habe Sonne im Herzen« folgen und sich entsprechend ihren Möglichkeiten auf sie einlassen, kann jeder achtsam mitgehende Beobachter bereits nach dem ersten Mal das Herz durch die Augen hindurch sprechen sehen: In ihnen zeigt sich durch ein verstärktes Strahlen und Leuchten eine aufmerksamere und mitfühlendere Präsenz.

Die nächste, Liebe und Güte stärkende Herzmeditation ist durch das Wirken von Teresa von Avila, einer spirituellen Wegweiserin für freie Menschen, beeinflusst. Mit hoher Wahrscheinlichkeit werden Sie eine gewisse Scheu vor dem Ausmaß der die Liebe ansprechenden Worte in dieser Meditation empfinden. Aber selbst die Liebe in diesen Worten ist nichts gegen das süße Kosten wahrhaftiger Liebe, die Menschen zuströmen kann, sofern sie sich dafür öffnen. Ich bin mir allerdings voll bewusst, dass selbst diese hohe Dosis bisweilen nur einen notdürftigen Versuch darstellt, einen Eispanzer durch Wärme abzuschmelzen oder ein Herz aus Stein zu erweichen, in dem keine Träume mehr leben.

Übung
21

Eine Herzmeditation in Liebe

Schließe für diese Meditation nach Möglichkeit alle Störungen von außen aus. Setze dich dann bequem an einem ruhigen Ort hin und schließe die Augen. Falls es dir nicht möglich ist, die Augen zu schließen, fixiere einen Punkt auf dem Boden, etwa einen Meter vor deinen Füßen. Nimm eine bequeme Haltung ein. Spüre, wo dein Körper Kontakt zur Lehne, zum

Sitz oder zum Boden hat. Achte auf deine Atmung, gleichgültig, wohin du atmest, ob in den Bauch oder in die Brust. Nimm nur einige Atemzüge lang wahr, wie du atmest, dass du atmest und dass dein Atem kommt und wieder geht, ohne dass du willentlich etwas dafür tun müsstest ... Mache dir einen Augenblick bewusst, dass das Atmen in deinem Leben etwas ist, wofür du dich normalerweise nicht anstrengen musst. Dein Atem kommt und geht von alleine. Als Einatem strömt er leicht und fließend in dich hinein und als Ausatem wieder aus dir heraus. Es gibt da in deinem Leben also zumindest einen Bereich, der ganz und gar ohne Anstrengung funktioniert. Mache dir das noch einmal ausdrücklich bewusst. Und mache dir bewusst, dass dein Atem in deinem Leben das Erste ist, das kommt, und das Letzte ist, das geht. Dazwischen bist du mit deinem einzigartigen Leben.

Und nun vertiefe deine Atmung ein wenig, aber ohne Anstrengung. Bringe deine Atmung außerdem in Ordnung, indem du vermehrt in den Bauch hinein atmest, so dass sich deine Bauchdecke beim Ein- und Ausatmen leicht hebt und senkt.

Und nun stell dir vor, dass du tief in dich hineingehst, tiefer und tiefer in dein gut verborgenes Inneres, in den letzten Winkel deines Herzens. Dort, im Allerinnersten deines Herzens, in einer gut gehüteten Kammer, wirst du einen Ort finden, wo ein helles Leuchten und Strahlen ist, wo Stille ist und großer Frieden und wo vor allem die Liebe ist ... Falls du magst, kannst du dir hilfsweise vorstellen, wie du einen langen Gang entlanggehst oder eine Treppe tiefer und tiefer hinabsteigst, um in deinem innersten Herzen anzukommen. Der Gang oder die Treppe können noch dunkel sein, dich vielleicht sogar zögern lassen, dich weiter zu bewegen. Du kannst aber bei genauem Hinsehen an ihrem Ende ein hell schimmerndes Leuchten und Strahlen wahrnehmen, von dem du dich sicher und voller Vertrauen hindurch geführt fühlst. Der Gang oder die Treppe können aber auch bereits hell und klar erleuchtet sein. Es ist für dich, wie es ist. Auf jeden Fall gehst du Kammer um Kammer weiter in dein innerstes Herz hinein, dorthin, wo du keine Begegnung mit dir selbst mehr scheust und wo letztlich nichts mehr ist außer die reine pure Liebe, die Güte, die Barmherzigkeit.

Dort, in deinem Herzen, bist du die Liebe. Denn um Liebe zu geben und zu empfangen bist du auf dieser Welt, nur dass du das manchmal vergisst. Dort in deinem tiefsten Herzen, wo Frieden und Stille sind, bist du ganz mit dir allein. Doch das ist viel mehr eine große Freude und Beglückung als ein Anlass für Verzagtheit. Denn dort ist dein sicherer Ort, wo du niemanden hereinlässt, wo du ganz für dich und mit dir bist. Du magst einen anderen Menschen noch so sehr lieben, deinen Mann, deine Frau, deinen Partner, dein Kind oder einen sonstigen Menschen. Es gibt trotzdem diesen Winkel in deinem Herzen, zu dem dieser geliebte Mensch keinen Zugang hat. Dort bist und bleibst du zunächst ganz allein, alleine mit dir. Dort ist dein sicherer Zufluchtsort, deine Stärke, dein Lebenswillen. Dort schlägt dein Herz für dich und dein Leben. In diesem Winkel deines Herzens wohnt die unverbrüchliche Liebe zu dir selbst als Mensch, die nach außen hin zur Liebe für die anderen und zur Liebe zum Leben wird.

Erlaube der Liebe zu dir selbst erweckt zu werden. Erlaube ihr zu leuchten, zu wachsen, heller und heller zu erstrahlen. Lass zu, dass es wahr ist. Lass zu, dass es gut ist. Lass zu, dass du wirklich liebst. Lass zu, dass du liebenswert bist und geliebt wirst ... Erlaube, dass es gut ist, erlaube, dass es wahr ist.

Stell dir vor, wie du an diesem Ort in deinem Herzen in Ruhe verweilst, wie du dort tief drinnen versunken bist in Stille und in Frieden, eingehüllt in Licht und Liebe. Während du nun still und in Frieden sitzt, werden dir vermutlich trotzdem wieder Gedanken durch den Kopf zu gehen beginnen – was du eigentlich gerade hier in dieser Meditation machst, was du gestern getan oder nicht getan hast, was du heute Abend oder morgen erledigen möchtest, was im Fernsehen kommt, was du noch einkaufen musst oder welchen deiner Freunde du mal wieder treffen möchtest. Du kannst dir aber auch vorstellen, dass du jeden Gedanken, jedes Bild, jedes Gefühl annehmen und im Geiste der Liebe betrachten kannst. Lass zu, dass die Dinge gut und in Ordnung sind. Erlaube, dass andere Dinge weniger gut oder nicht in Ordnung sind. Du vermagst alles, was du möchtest, mit offenem Herzen still und gelassen im Geiste der Liebe und Güte anzunehmen oder gar aufzulösen.

Es ist möglich, dass du an diesem Ort in deinem Herzen, an dem die Liebe wohnt, spürst, dass trotz aller Liebe noch etwas fehlt, dass du etwas vermisst. Vielleicht ist da sogar eine besondere Sehnsucht, eine Art Heimweh. Vielleicht spürst du deutlich, ahnst oder glaubst, dass du über die Liebe in deinem Herzen mit einer noch größeren Liebe verbunden bist. Mit irgendetwas Größerem, das du außerhalb von dir wähnst, für das du allerdings gar keinen richtigen Namen weißt. Vielleicht nennst du es heimlich und im Stillen deinen Schutzengel, oder du nennst es Gott, oder du gibst ihm den Namen Jesus, Christus oder Buddha, vielleicht denkst du es aber auch als Kosmos, Universum, All oder Quelle oder einfach als etwas, wofür du bislang keinen wirklichen Namen hattest. Du ahnst aber, spürst, weißt sicher, dass da noch eine andere bedingungslose Liebe ist, die dich trägt, beschützt und dafür sorgt, dass du niemals verloren gehen kannst.

Erlaube dir und deinem Herzen sich zu öffnen und zu weiten. Erlaube dir, berührt zu werden und dich berührt zu fühlen. Gestatte der Liebe in dir, sich voll und ganz zu entfalten, zu erblühen, und bringe dich selbst darüber voll und ganz zur Welt. Scheue nicht die Liebe. Legst du keine Bande und Ringe mehr um dein Herz, kannst du gar nicht mehr anders als Liebe zu verströmen und dein Licht leuchten zu lassen. Du erlaubst dir, Liebe zu sein, Liebe zu verströmen, und du bist offen dafür, geliebt zu werden, die Geschenke der Liebe anzunehmen, welche dir zuströmen. Lass den Gedanken als Gewissheit zu, dass sich letztlich alle Dinge gut in deinem Leben für dich fügen werden, dass du nicht über alles die Kontrolle zu haben brauchst. Gestatte dir zu vertrauen.

Bejahe in dir, dass du Liebe und Güte bist, zu beiden fähig bist und dass du beide achtsam in dir bewahrst. Dann herrschen Ruhe, Stille und Frieden in dir. Über die Liebe in deinem Herzen bist du darüber hinaus mit allen und allem verbunden, bist du Teil von etwas Größerem. Und gäbe es dich nicht, würdest du der Welt fehlen.

Nimm dir zum Abschluss vor, das strahlende Leuchten und die Liebe in deinem Herzen nie wieder in deinem Leben missen zu wollen und nimm dir die Gewissheit zu Herzen: »Gäbe es mich nicht, würde ich fehlen.« Wiederhole es noch einmal: »Gäbe es mich nicht, würde ich fehlen.«

Mit dieser Gewissheit kannst du nun die Augen langsam wieder öffnen, um in deinem Hier und Jetzt anzukommen.

DAS GEDÄCHTNIS UNSERES HERZENS

Unserem Herzen kommt in allen uns bekannten Kulturen von Anbeginn an eine herausgehobene Bedeutung zu. Es gilt symbolisch als das Zentrum der Liebe und des Mitgefühls, als Sinnesorgan für Emotionen und Intuition. Es verbindet uns mit der Natur und der Schöpfung und ist die Pforte zu unserem wahren menschlichen wie höheren Selbst.

»Welch eine himmlische Empfindung ist es, seinem Herzen zu folgen«, heißt es bei Johann Wolfgang von Goethe. »Hör auf das, was dein Herz dir sagt«, wird uns oft geraten, wenn wir mit anderen über die Lösung eines Problems sprechen, bei dem wir nicht weiter wissen. Menschen, die ihrem Bauchgefühl weniger trauen oder gern von Gefühlsduselei sprechen, würden eher raten: »Benutze deinen Verstand.« Damit hängen sie jedoch einem überholtem Denken an, das sich längst als zu einseitig erwiesen hat. Im Idealfall leben wir ein Gleichgewicht von Herz und Verstand.

Ein Großteil unserer wissenschaftlichen Disziplinen tut sich mit der symbolischen Aufladung des Herzens schwer. Im Vordergrund steht ein mechanistisches Verständnis des Herzens. Es wird als hoch komplexes biophysisches und elektrophysiologisches Organ angesehen, das unser Blut durch den Kreislauf pumpt.

Doch mittlerweile wird auch im wissenschaftlichen Denken anerkannt, dass die Pascalsche Logik des Herzens ihren naturwissenschaftlichen Beweis gefunden hat. Mithin findet sich auch Saint-Exupérys »Kleiner Prinz« bestätigt: »Man sieht nur mit dem Herzen gut. Das Wesentliche ist für das Auge unsichtbar.« In den aufgeschlosseneren Kreisen der Neurowissenschaften, der Neuropsychokardiologie, der Psychologie und der Geisteswissenschaften setzt sich die Erkenntnis durch, dass Herzintelligenz, emotionale Intelligenz, soziale Klugheit und Intuition nicht das Ergebnis des »Feuerns von Neuronen« im Gehirn unseres Kopfes sind. Unser Herz verfügt über seine eigene Intelligenz und Logik, ja sogar über sein eigenes Gehirn. Es hat – ebenso wie unser Darm – ein eigenes, vom Kopfgehirn unabhängiges Netzwerk aus etwa 40.000 Neuronen und damit ein kleines, selbständiges Gehirn. Als klein ist dieses aber nur zu bezeichnen, wenn wir es quantitativ nach seiner Neuronenanzahl, anstatt qualitativ nach seiner Leistung messen. Unser größtes und bestes Potenzial an vitalen Lebenskräften, Lebensqualität und körperlich-seelischer Gesundheit erreichen wir, indem wir Verstandesleistung und Herzleistung in harmonischen Einklang bringen. In diesem Konzert ist unser Herz das machtvollste Organ und der Taktgeber.

Das Herz als Taktgeber funktioniert mit einer solch unglaublichen Intelligenz, dass sich das Verständnis von ihm als Organ völlig umwandelt. In der Psychokardiologie wird das

Herz zunehmend als ein zentrales, feinstoffliches Organ verstanden. Sie nähert sich damit vorsichtig dem Herzverständnis der maßgeblichen spirituellen Traditionen und Weisheitslehren, der christlichen Mystik sowie aktueller Meditationsverfahren an. Sie alle ordnen dem feinstofflichen Organ Herz das zentrale Herzchakra zu. In den sieben Chakren des Sanskrits, den Hauptenergiezentren des Menschen, bildet das Herzchakra als viertes den Mittelpunkt. Es bezieht sich auf die universelle Liebe und Heilung. Ist es offen, sind wir auch als Menschen offen. Ist es verschlossen, zeigen auch wir uns der Welt gegenüber verschlossen.

Das Gehirn des Herzens lenkt uns mit seiner emotionalen und spirituellen Intelligenz unabhängig vom Gehirn des Kopfes und vom Nervensystem. Es folgt seiner eigenen Logik und gehorcht nicht automatisch dem Denkorgan im Kopf. Es ist eher so, dass unser Kopfgehirn die Botschaften des Herzgehirns versteht und ihnen folgt. Der Kopf verneigt sich sozusagen vor dem Herzen. Rollin McCraty vom HeartMath-Institute in Kalifornien fasst die einhellige Meinung der renommiertesten Stressforscher und -forscherinnen weltweit zusammen:

»Das Nervensystem im Herzen (das Herzgehirn) ermöglicht es dem Herzen unabhängig von der Großhirnrinde zu lernen, sich zu erinnern und Entscheidungen zu treffen. Außerdem haben zahlreiche Experimente gezeigt, dass die Signale, die das Herz ununterbrochen zum Gehirn sendet, die höheren Hirnfunktionen, die mit Wahrnehmung, Kognition und der Verarbeitung von Emotionen befasst sind, maßgeblich beeinflussen.«

Sobald Menschen ihre Herzintelligenz stärken und ihr Herzchakra öffnen, verbinden sich rationale Intelligenz und Emotionen. Wenn Sie Ihr Herz mittels imaginativer Licht- und Herzmeditationen öffnen, unterstützen Sie seine Fähigkeit, Ihre höheren Qualitäten zum Ausdruck zu bringen. Positive Gefühle wie Liebe, Mitgefühl, Wertschätzung, Zufriedenheit, Güte, Freude fördern Ihre Lebensqualität und Gesundheit. Negative Gefühle wie Wut, Zorn, Hass, Ärger, Gier, Neid und Missgunst verringern sich deutlich oder lösen sich sogar ganz auf. Ihr emotionaler Stresspegel sinkt beträchtlich, was unmittelbare Rückwirkungen auf Ihren Herzrhythmus, auf den Pulsschlag, auf das Nervensystem sowie auf die reduzierte Produktion von Stresshormonen hat. Folgen Sie Ihrer organisierenden, zentralen Logik des Herzens, können Sie sich selbst inmitten vom Chaos über vielerlei Probleme erheben und neue Erfüllung im Leben erfahren. Ihr Herz ist die intuitive Quelle Ihrer Weisheit und Ihrer gesteigerten Wahrnehmungen.

Führen gesteigertes Sehen und Fühlen zu schöneren Gefühlen, kreiert sich – in Termini der Stressforschung ausgedrückt – eine positive Kaskade von neuronalen, hormonellen und biochemischen Prozessen, von der der gesamte Körper ganzheitlich profitiert und nach außen abstrahlt. Sie sind mit sich selbst, mit anderen Menschen und dem Leben in schöner Resonanz.

Eine zweite erstaunliche Entdeckung der Forscher vom HeartMath-Institute, die die seelische Lebensbalance zu fördern versuchen, stellt weitere veraltete Annahmen richtig. Wir können diese Entdeckung mit unserer menschlichen Aura in Verbindung bringen. Unser Herz strahlt ein ungeheures Magnetfeld ab. Die elektrische Komponente dieses Energiefelds ist in etwa sechzigmal stärker als die des Gehirns, die magnetische sogar bis zu 5000-mal. Dieses Herz-Feld pulsiert und sendet komplexe, rhythmische Muster durch den ganzen Körper und über ihn hinaus. Das Herzfeld synchronisiert uns oder sorgt für Disharmonie. Wir schwingen mit dem Herzen mit. Negative, dunkle

Emotionen produzieren gestörte energetische Rhythmen. Positive, helle Gefühle wie Liebe, Mitgefühl, Verbundenheit und Freude erzeugen sehr harmonische Energiefelder. Das Herzfeld überträgt Informationen zwischen den Menschen. Wir tauschen Herzenergie aus. Steigern wir durch entsprechend wirksame Übungen unsere Kräfte und Fähigkeiten, Herzenergie zu sehen, zu fühlen und zu verstehen, werden wir mitfühlender, feinfühliger, hellfühliger, hellsehender, intuitiver und liebevoller.

Mit diesem neuen Blick auf unser Herz verstehen wir besser, wie wir mit imaginativen Übungen unser Herz darin unterstützen, sich zu öffnen. Unser Herz spricht seine eigene klare und intelligente Sprache. Die höheren Gehirnregionen zur Verarbeitung kognitiver wie emotionaler Funktionen folgen seiner Sprache eher als umgekehrt. Darüber hinaus verstehen wir den Wirkmechanismus imaginativer Techniken und Methoden besser. Über die Magie des Herzgedächtnisses, mit Hilfe unserer Vorstellungskraft und der Funktion von Spiegelnervenzellen im Gehirn, die das Verhalten anderer spiegeln, synchronisieren wir uns selbst und bringen uns damit dem Prinzip Menschlichkeit und einem sanften Heilen der Seele näher.

Im westlichen, materialistisch geprägten Denken sind wir als Gemeinwesen noch längst nicht im eigenen Herzen angekommen. Wir folgen bevorzugt dem Kopfgehirn – und das, obgleich der Volksmund es seit jeher besser weiß. Redensarten wie: »Es hat mir das Herz gebrochen« oder »Mir ist so warm ums Herz«, folgen der Herzenslogik und nicht der des Kopfs. Das Herz hat und ist sein eigenes Mysterium. Geben wir uns seinem Mysterium hin, finden wir leichter den Ort in uns, der so nahe bei der Schöpfung, dem Licht, der Liebe liegt und unsere Erde mit dem Transzendenten verbindet.

ÜBUNGEN IN SELBSTLOSIGKEIT UND VERBUNDENHEIT

ICH, MIR, MEIN: Unser EGO ist unser größter Widersacher für ein zufriedenes, seelisch möglichst gesundes Leben. Das Ego möchte beständig gefüttert werden. Folgen wir seinen ichbezogenen Einflüsterungen führen wir einen Tanz um unsere eigene Person wie ums goldene Kalb auf. In der Blase der Ichbezogenheit zu leben, möglichst viele Güter sein eigen zu nennen, sich um andere Menschen nur am Rande oder gar nicht zu kümmern, macht Menschen jedoch nicht zufrieden. Am glücklichsten fühlen wir uns mit uns selbst immer dann, wenn wir auch etwas für unsere Mitmenschen tun können: helfen, trösten, teilen, abgeben. Besonders charismatische Menschen haben deshalb zu allen Zeiten den Weg des Dienens gewählt, das heißt anderen bedürftigen Menschen geholfen oder sich einem Höheren verschrieben, unbeirrt davon, dass sie für ihre Selbstlosigkeit verspottet wurden. Niemand braucht jedoch sein gewohntes Leben, seine Familie, die Menschen, die ihm nahestehen, oder seine Arbeit aufzugeben, um ein weniger selbstsüchtiges, egozentrisches Leben zu führen. Unsere Welt sähe freundlicher und sicherer aus, würden wir alle etwas weniger auf uns und mehr auf die anderen schauen.

Eine ebenso schöne wie hilfreiche Erfahrung, um aus der Ichbezogenheit herauszutreten und sich in der Verbundenheit mit allem Sein aufgehoben zu fühlen, stellt die Übung »Willst du in die Sterne sehen, musst du in den Himmel schauen« dar. Es soll nicht nur Romantikern und professionellen Sternforschern vorbehalten bleiben, mit dem All in Kontakt zu treten. Ich ermuntere Sie auch deshalb dazu, die Übung einmal auszuprobieren, weil sie Maßstäbe zurechtrückt und Leid wie Schmerz in tröstliche Zusammenhänge einordnet. Sie macht auf der unmittelbaren Empfindungsebene erfahrbar, dass die Gewissheit des Lebens nur aus dem Herzen fließen kann, weil der Verstand rein logisch längst kapituliert hat.

Übung

22

Willst du in die Sterne sehen, musst du in den Himmel schauen

Falls du es gelegentlich nicht ohnehin unwillkürlich tust, suche dir ganz bewusst einen Ort, an welchem du des Nachts in die Sterne sehen kannst. Dazu musst du ein Stück weit aufs Land hinaus, an einen Meeresstrand oder in die Berge. In unseren hell beleuchteten Innenstädten ist diese Erfahrung schwer möglich, denn die Lichtverschmutzung unserer Städte knipst das Licht der Sterne aus. Willst du also in die Sterne sehen, braucht es ausreichend Dunkelheit um dich herum. Erst die Dunkelheit öffnet uns bei klarer Nacht für das Licht der Sterne. Um darin einzutauchen, musst du deinen Kopf heben und in den Himmel, zum Firmament, schauen. Augenblicklich verändert sich dein Maßstab. Aus der »Kleinheit« deines Ich, der Begrenztheit unserer Erde weitet sich dein Blick in die unfassbaren Dimensionen des Weltalls, des Universums, des Kosmos. Du kannst kaum noch den Boden unter deinen Füßen erkennen, siehst und erkennst aber umso deutlicher das für den Verstand absolut Unfassbare, Unerreichbare. Die Sterne, die Milchstraße, unser Sonnensystem, unsere Galaxie, die Milliarden fremder Galaxien, welche Milliarden Lichtjahre, Milliarden von Milliarden von Kilometern von uns entfernt sind - mit den Augen sehen kannst du manches davon schon, mit dem Verstand greifen kannst du es nicht. Du kannst die Weite des Universums schauen, aber nicht mit deinem Denken erfassen, weil sie jede noch so bewusste Vorstellung von Raum und Zeit übersteigt. Du kannst mit den Augen sogar noch sehen, was es materiell schon lange nicht mehr gibt. So lange braucht das Licht auf seiner Reise durch das All, dass Tausende von Sternen bereits nicht mehr existieren, wenn du deren Licht mit deinen eigenen Augen schauen kannst.

Sofern du in einem solchen Augenblick bereit und offen bist, dich hinzugeben, einzutauchen, dich zu verlieren, dich emporheben zu lassen, wirst du in deinem Herzen die Ewigkeit spüren können. Du kannst eine der umwerfendsten Erfahrungen machen, ohne dass dazu viel Aufwand nötig wäre. Die Welt unter deinen Füßen ist dein fester Ort, der Sternenhimmel über dir deine Perspektive der Ewigkeit, des Unvergänglichen. Was für eine Erschütterung angesichts der Unermesslichkeit des Universums! Und vielleicht möchtest du dich eher »dort« sehen als »hier«. Und wieso eigentlich gerade »jetzt« und nicht »früher« oder »zukünftig«? Was ist schon unser bisschen messbare Zeit vor der Unermesslichkeit der kosmischen und zeitlosen Räume?

Die Unendlichkeit des Universums, die du dir nicht einmal in letzter Konsequenz vorzustellen vermagst, ist alles, und du bist fast nichts, winzig an deinem Ort. Du wirst dir deiner Winzigkeit bewusst. Und trotzdem ist deine Winzigkeit keine Kränkung für deine Seele oder für deinen Geist, weil dein »Ego«, auf seinen Platz verwiesen, zur Ruhe kommt. Und außerdem: Welche Bestätigung! Mit all deiner Winzigkeit bist du Teil dieser empfundenen und geschauten Unendlichkeit, Unermesslichkeit. Du bist darin enthalten. Welche Größe, teilzuhaben an dieser Weite, der Ewigkeit von Raum und Zeit. Du bist verbunden mit allem. Du bist Teil der Schöpfung. Gäbe es dich nicht, würdest du fehlen. Eines »Egos« bedarfst du nicht, es verflüchtigt sich schlichtweg in der Unermesslichkeit dessen, was sich vor deinen Augen weit und weiter ausbreitet. Demut vor der Unendlichkeit öffnet dein Herz in Staunen, Freude, Wehmut und Dankbarkeit für die Sinnlichkeit deines unmittelbaren Erlebens, das keiner Worte bedarf. Du bist mitten im Wunder des Da-Seins. Das Universum ist in dir und du bist in ihm. Verloren gehen kannst du nicht. Und gäbe es dich nicht, würdest du fehlen. Gäbe es dich nicht, würdest du fehlen.

MITGEFÜHL ALS HEILSAME KRAFT

Um uns im Mitgefühl üben zu können, bedarf es Mitgefühlsübungen. Ich stelle Ihnen zunächst eine Übung zur Verfügung, die Sie über rubingoldenes Licht, das Ihr Herz füllt, mehr Mitgefühl entwickeln und ausstrahlen lässt. Es handelt sich somit um eine Lichtimagination, die bei dem ansetzt, was Sie bereits weiter oben kennen gelernt und erprobt haben.

Übung

23

Sich über rubingoldenes Licht mitfühlend verbinden

Setze dich bequem hin und schließe die Augen. Falls es dir nicht möglich ist, die Augen zu schließen, fixiere einfach einen Punkt auf dem Boden, etwa einen Meter vor deinen Füßen. Nimm eine möglichst bequeme Haltung ein. Spüre, wo dein Körper Kontakt zum Sitz, dein Rücken zur Lehne hat, und deine Füße zum Boden, zur Erde. Achte auf deine Atmung, gleichgültig, wohin du atmest, ob in den Bauch oder in die Brust. Nimm nur einige Atemzüge lang wahr, wie du atmest, dass du atmest und dass dein Atem kommt und wieder geht, ohne dass du etwas dafür tun müsstest ... Mache dir einen Augenblick bewusst, dass das Atmen in deinem Leben etwas ist, wofür du dich normalerweise nicht anzustrengen brauchst. Dein Atem kommt und geht von alleine. Als Einatem strömt er leicht und fließend in dich hinein und als Ausatem wieder aus dir heraus. Es gibt da in deinem Leben also zumindest einen Bereich, der ganz und gar ohne Anstrengung funktioniert. Mache dir das noch einmal ausdrücklich bewusst ... Und nun vertiefe deine Atmung ein wenig und bringe sie außerdem in Ordnung, indem du deinen Atem gezielt in deinen Bauch hinein lenkst, so dass sich deine Bauchdecke beim Ein- und Ausatmen hebt und wieder senkt. Dein Brustkorb bewegt sich nur sachte mit. Bleibe für einige Augenblicke mit deiner ganzen Aufmerksamkeit bei deiner Bauchatmung.

Während du in deinem Rhythmus weiter atmest, weißt du einatmend, dass du einatmest. Ausatmend weißt du, dass du ausatmest. Und während du weiter ruhig ein- und ausatmest, stelle dir nun vor, dass dein Herz genau in deinem Rhythmus mit ein- und ausatmet. Lenke deine innere Aufmerksamkeit und Vorstellung dorthin in deiner Brust, wo dein Herz sitzt, und lasse es mit atmen. Vor deinem inneren Auge kannst du genau sehen, wie dein Herz ein- und ausatmet ... Du kannst auch sehen, welche Farbe dein atmendes Herz hat ... Bleibe mit deiner Vorstellung noch für einen Moment bei deinem atmenden Herzen.

Mit jedem weiteren Atemzug, den du in die Mitte deines Herzens einatmest, stellt sich die wachsende Empfindung von Herzenswärme, Herzensgüte und Mitgefühl ein, für dich selbst und für andere ... Und nun stelle dir vor, wie du mit jedem Einatmen helles, goldenes oder rubinrotes Licht in die Mitte deines Herzens atmest. Du atmest leuchtendes, goldenes, rubingoldenes oder rubinrotes Licht in die Mitte deines Herzens ein ... bis dein Herz immer stärker von diesem hellen Licht erfüllt wird. Stelle dir dann vor, wie dieses goldene oder rubinrote Licht sich in deinem Herzen zu einer strahlend hellen, leuchtenden Lichtkugel verdichtet, die mit jedem weiteren Einatem strahlender und heller wird.

Stelle dir nun vor, wie diese strahlend helle Lichtkugel beginnt, sich mit dem Ausatmen von der Mitte deines Herzens auszudehnen ... Das goldene, rubinrote Licht strahlt in deine gesamte Brust hinein ..., es erfüllt deinen Bauch, dein Becken, breitet sich in Armen und Beinen, in Händen und Füßen aus, es wandert durch die Kehle in deinen Kopf und erfüllt ihn ganz mit Licht ... Mit jedem Einatmen atmest du neues goldenes, rubinrotes Licht in dein Herz hinein, und mit jedem Ausatmen dehnt sich das strahlende, goldene, rubinrote Licht weiter in dir aus ... Du bist nun ganz und gar dieses strahlende Licht ... Und immer weiter dehnst du dein Licht aus, bis du deutlich sehen kannst, wie es über die Grenzen deines Körpers hinausstrahlt ... Du fühlst dich jetzt umgeben und eingehüllt von diesem Licht und es dehnt sich immer noch weiter und weiter aus. Du strahlst dein Herzlicht in alle Himmelsrichtungen aus ... Du stellst dir vor, wie das Licht, das von dir ausströmt, den Raum erleuchtet, in welchem du dich gerade befindest ... Und mit jedem Atemzug dehnt es sich weiter aus. Mit jedem Ausatmen schickst du dein Herzlicht, deine Herzenswärme, Herzensgüte

und dein Mitgefühl in die Welt hinaus ... Das strahlend goldene, rubinrote Licht dehnt sich aus über die Grenzen des Raumes ..., und dann über deine Straße hinaus. Es erfasst die dunkelsten Winkel deiner Stadt ... es dehnt sich aus über dein gesamtes Land ... es dringt mit seinem strahlenden Leuchten immer weiter und weiter vor ... Du kannst dir vorstellen, wie du schließlich den Kontinent und den gesamten Erdball in dein strahlendes Herzlicht einschließt, alle seine fühlenden Wesen und Kreaturen. Und immer noch weiter und weiter dehnt sich dein goldenes, rubinrotes Herzlicht aus ... Es dehnt sich über die Grenzen unseres Erdballs hinaus aus, erstrahlt in den Kosmos, in die Weiten des Universums, in die Unendlichkeit und die Ewigkeit des Alls hinein ... Ruhig und gelassen ein- und ausatmend dehnt sich dein strahlend goldenes, rubinrotes Herzlicht aus über alle Grenzen, Zeiten und Räume hinweg ...

Und während du ruhig weiter ein- und ausatmest, lasse für heute ein letztes Mal dein strahlendes Herzlicht aus dir herausströmen ... Dann zieht sich diese unendlich weite Kugel aus strahlend leuchtendem, goldenem, rubinrotem Licht langsam wieder zusammen, bis sie sich wieder in deinem Herzen verdichtet und du langsam die Augen öffnest, um wieder ganz an deinem Platz in dieser Welt zu sein. Du weißt, du kannst jederzeit und überall erneut dein strahlendes, goldenes, rubinrotes Herzlicht in die Welt und in das gesamte Universum schicken, in dem alles mit allem auf wunderbare Weise verbunden ist.

Eine der anspruchsvollsten, vielleicht sogar die Mitgefühlsübung überhaupt, ist die Ermutigung: »Sich im Austausch von Glück und Leid üben«. Sie geht zurück auf die buddhistische Praxis des Tonglen. Vereinfacht ausgedrückt besteht die Tonglen-Praxis des Gebens und Nehmens darin, alles Leid und den Schmerz der anderen auf sich selbst zu nehmen und ihnen im Austausch das eigene Glück und Wohlbefinden sowie den eigenen inneren

Frieden zu schenken. Der Wechsel von Geben und Nehmen, von Glück und Leid wird mit dem Medium des wechselnden Atems verbunden. Getragen wird die Tonglen-Praxis von Liebe und allumfassendem Mitgefühl. Liebe ist hier der Wunsch, dass alle anderen Lebewesen Glück und die Bedingungen für Glück erfahren mögen. Das umfassende Mitgefühl besteht in dem Wunsch, dass sich alle anderen fühlenden Wesen durch unser Zutun vom Leiden mitsamt den Ursachen des Leidens befreit sehen mögen. In der überlieferten Praxis des Tonglen ist diese Übung eine den mitfühlenden Geist stark in Anspruch nehmende Angelegenheit für Menschen, die auf höherem Niveau zu meditieren gewohnt sind.

Es ist nicht gerade einfach, sich auf das Leiden anderer Menschen einzulassen, sich sogar vorzustellen, das Leiden anderer, besonders von Schwerstkranken oder gar Sterbenden auf sich zu nehmen. Es ist naheliegend, dass sich bei dieser Vorstellung schnell Ängste einstellen, dass deren Leiden ansteckend sein könnte. In jedem Fall erleichtern und begünstigen ein gutes Ruhen in sich selbst sowie eine feste Verwurzelung im Leben die Fähigkeit, Liebe und Mitgefühl in sich selbst zu erschaffen und zu vertiefen, um sich ohne Zögern, voller Vertrauen und mit ganzem Herzen im Austausch von Glück und Leid zu üben. Falls Sie möchten, versuchen Sie sich an meiner Version dieser ausgeprägten Mitgefühlsübung, wie ich sie nach einer Anregung von Matthieu Ricard, dem großen französischen Botschafter des Buddhismus, erstellt habe.

Übung

24

Sich im Austausch von Glück und Leid üben

Setze dich bequem hin und schließe die Augen. Falls es dir nicht möglich ist, die Augen zu schließen, fixiere einen Punkt auf dem Boden, etwa einen Meter vor deinen Füßen. Nimm eine bequeme Haltung ein. Spüre, wo dein Körper Kontakt zum Sitz, dein Rücken zur Lehne hat, und deine Füße zum Boden, zur Erde. Achte auf deine Atmung, gleichgültig, wohin du atmest, ob in den Bauch oder in die Brust. Nimm nur einige Atemzüge lang wahr, wie du atmest, dass du atmest und dass dein Atem kommt und wieder geht, ohne dass du etwas dafür tun müsstest ... Mache dir einen Augenblick bewusst, dass das Atmen in deinem Leben etwas ist, wofür du dich normalerweise nicht anzustrengen brauchst. Dein Atem kommt und geht von alleine. Als Einatem strömt er leicht und fließend ein und als Ausatem wieder heraus. Es gibt da in deinem Leben also zumindest einen Bereich, der ganz und gar ohne Anstrengung funktioniert. Mache dir das noch einmal ausdrücklich bewusst ... Und nun vertiefe deine Atmung ein wenig und bringe sie außerdem in Ordnung, indem du deinen Atem gezielt in deinen Bauch hinein lenkst, so dass sich deine Bauchdecke beim Ein- und Ausatmen hebt und wieder senkt. Dein Brustkorb bewegt sich nur sachte mit. Bleibe für einige Augenblicke mit deiner Aufmerksamkeit ganz bei deiner Bauchatmung. Nur über deine Bauchatmung atmest du vitale Lebenskraft in dich ein.

Einatmend weißt du, dass du einatmest. Ausatmend weißt du, dass du ausatmest.

Stelle dir nun vor, wie du mit jedem Einatmen helles, klares Licht in die Mitte deines Herzens atmest ... Mit jedem Einatmen atmest du helles, klares Licht in das Zentrum deines Herzens ... Beim Ausatmen stelle dir anschließend vor, wie dein gesamter Körper vom Scheitel bis zur Sohle von diesem hellen, strahlenden Licht umflossen wird. Jeder Ausatem wird zu diesem klaren, strahlenden Licht, welches dich von Kopf bis Fuß ganz umhüllt ... Mit dem Fließen deines Atems legt sich eine Schutzhülle aus strahlendem Licht um dich herum. Völlig eingehüllt in dieses Licht, das dich umgibt, fühlst du dich geborgen und sicher ruhend in dir selbst.

Mit jedem weiteren Atemzug, den du in die Mitte deines Herzens einatmest, stellt sich die wachsende Empfindung von Herzenswärme, Herzensgüte und Mitgefühl ein, für dich selbst und für andere ... Geborgen und beschützt von deiner Hülle aus strahlendem Licht kannst du dir nun vorstellen, welchen anderen Menschen und Wesen du dein Mitgefühl und deine Hilfe zuteilwerden lassen möchtest ... Vielleicht Angehörigen oder Freunden, welche leiden, trauern, erkrankt oder in Not sind ... oder Dritten, die von Katastrophen heimgesucht werden ... oder allen Mitgeschöpfen dieser Welt.

Stelle dir genau vor, welchen Wesen du dein Mitgefühl und deine Unterstützung zukommen lassen möchtest ... Stelle dir zuerst vor, dass du mit deinem Atem in Form des klaren, warmen, weißen Lichtes beim Ausatmen diesen Menschen all dein eigenes Glück, all deine Freude, Kraft und Gesundheit sendest. Visualisiere, wie die Menschen diesen Balsam aus strahlendem Licht, der ihren Schmerz lindert und ihre Hoffnungen in Erfüllung gehen lässt, restlos in sich aufnehmen.

Und dann stelle dir vor, wie all das Leid, die Trauer, die Not, die Krankheiten, die Geistesgifte dieser Wesen wie eine graue Wolke von diesen weg und auf dich zuströmen. Du kannst vor deinem geistigen Auge genau sehen, wie dieser Strom des Leids der anderen in einer grauen Wolke auf dich zufließt ... Doch du bist durch deine Hülle aus klarem Licht geschützt davor, dass etwas von diesem Leid in dich selbst eindringt. Dort, wo das Leid der anderen auf deine Hülle aus strahlendem Licht trifft, löst es sich in diesem Licht auf ... Du kannst das ganz in Ruhe und Gelassenheit visualisieren ...

Aufgelöst von der strahlend klaren Schutzhülle aus Licht, bleibt nicht die geringste Spur vom Leiden der anderen, das auf dich zuströmt. Es löst sich auf im Licht und wird zu nichts. Und im selben Moment wird dein eigenes Leid ebenso transformiert wie das der anderen.

Und nun kannst du dir umgekehrt noch vorstellen, wie du selbst den anderen dein strahlend helles Licht und damit dein Mitgefühl und deine Unterstützung zusendest. Du siehst genau vor dir, wie deine Hülle aus strahlendem Licht sich immer weiter und weiter ausdehnt und dadurch alle Wesen erreicht, an welche du denkst ... Mit deinem strahlenden Licht schickst du diesen Wesen dein Mitgefühl und alle deine guten Gedanken und guten Wünsche ... Falls die Wesen, an die du denkst, krank sind, schickst du Ihnen dein Mitgefühl und deine guten Gedanken, dass sie geheilt werden mögen ... Falls Sie in Not und hilflos sind, schickst du ihnen dein Licht und deine guten Wünsche, dass Sie bekommen mögen, was Sie benötigen ... Falls Sie trauern und unglücklich sind, sende ihnen deine guten Gedanken, dass sie von jetzt ab von Freude durchdrungen sein mögen ... Falls ihr Leben bedroht ist, sende ihnen dein Licht und deine guten Gedanken und Wünsche, dass sie überleben mögen ... Und dann kannst du noch dein Licht, dein Mitgefühl, deine guten Gedanken und Wünsche so weit ausdehnen, dass alle fühlenden Wesen der Welt davon erreicht werden ... In deiner Vorstellung kannst du genau sehen und es im Herzen erspüren, wie du dein Licht und dein Mitgefühl in die Welt sendest ... Du kannst so viel Licht und Mitgefühl aussenden, wie du magst. Dennoch wird dir selbst in keiner Weise etwas von deinem eigenen Wohlbefinden oder deiner inneren Kraft abgezogen. Du bist im Gegenteil von einer großen Freude im Herzen erfüllt.

In deiner Hülle aus Licht weiterhin in dir ruhend, kannst du nach einer Weile wieder ganz zu dir selbst zurückkehren, langsam die Augen öffnen, dich nachklingend deiner Übung zum Austausch von Glück und Leid erfreuen und dich dann wieder ganz deinem eigenen Alltag zuwenden.

Dies ist meine bevorzugte Praxis dieser spirituellen Übung zum Austausch von Glück und Leid. Ich bin mir allerdings bewusst, dass es Scheu vor dieser Übung geben kann, zu direkt und unmittelbar führt sie uns in die Nähe von fremdem Leiden.

Es versteht sich von selbst, dass diese Mitgefühlsübung nicht auf quasi magische Weise die Widrigkeiten der realen Welt verändert. Es reicht nicht aus, bloß dazusitzen und zu imaginieren oder zu meditieren. Wenn wir nach Mitgefühlsmeditationen in die reale Welt gehen, zeigen und verhalten wir uns folglich auch verbunden und mitfühlend. Durch die Resonanz, welche wir durch unser Mitgefühl bewirken, tragen wir Schritt für Schritt zur Weiterverbreitung von mitfühlendem Handeln und zu Veränderungen im Kleinen wie im Großen bei. Es vollzieht sich eine energetische Umwandlung im Inneren, die ins Außen drängt.

DANKBARKEIT ALS QUELLE DER FREUDE

Wachsendes Mitgefühl wie Verbundenheit ziehen eine sich zunehmend verstärkende Dankbarkeit der Welt gegenüber nach sich. Dankbarkeit ist eine Quelle unerschöpflicher Freude. Sie verändert still und leise unseren Blickwinkel auf das Leben. Gemeint ist allerdings nicht das erlernte, anerzogene Danke, das man aus Höflichkeit sagt, sondern die tief im Herzen empfundene Dankbarkeit dem Glück gegenüber, mit sich selbst, mit anderen und dem kostbaren Leben verbunden zu sein. Diese Dankbarkeit richtet sich auf das Geschenk, das das Leben ist, sowie auf alle positiven Gegebenheiten und Situationen des Alltags. Es gibt so vieles, wofür es sich lohnt, dankbar zu sein: das Schlagen unseres Herzens; die Gabe, sehen, hören, riechen, schmecken, tasten und fühlen zu können; der liebevolle Blick eines Menschen; zwei Hände, die unsere Kaffeetasse halten; ein

Sonnenstrahl, der unser Gemüt erhellt; das Singen der Vögel am Morgen; das Essen auf unserem Tisch; der Regen, der vom Himmel fällt; das Wasser, das uns zur Verfügung steht; unser Arbeitsplatz usw.

Schauen wir auf die Kleinigkeiten und kaum beachteten Selbstverständlichkeiten, verfeinert sich unsere Wahrnehmung um ein Vielfaches und wir fokussieren unseren Blickwinkel auf alles Gute und Schöne, statt auf all das Negative und von uns Beklagte. Wir können dankbar sein, überhaupt am Leben zu sein. Der Sinn der Dankbarkeit ist die Dankbarkeit selber. Sie hat die Freude an ihrer Seite. Ein höheres Maß an Dankbarkeit beschert uns augenblicklich ein höheres Maß an Lebensfreude. Bereits die nachfolgende kleine Übung wird ihnen zeigen, welche Veränderungen durch Dankbarkeit eintreten und wie dankbar Sie wiederum für diese Veränderungen sein können.

Übung

25

Dinge, für die ich dankbar bin

Legen Sie sich keinen weiteren Tag Ihres Lebens mehr abends zum Schlafen nieder, ohne sich innerlich befragt zu haben: »Wofür in meinem Leben bin ich heute dankbar?« Finden Sie mindestens zehn Dinge, Situationen, Begegnungen, Ereignisse oder Gefühle, für die Sie sich ausdrücklich bedanken. Damit bringen Sie Anerkennung, Wertschätzung und Würdigung zum Ausdruck. Mit dieser kleinen Übung in Dankbarkeit werden Sie sich selbst in Ihrem Leben dauerhaft positiver stimmen.

Menschen, die eine große Scheu vor ihrem eigenen inneren Licht empfinden und vor der Stärkung ihres Selbstwertgefühls wie ihrer Lebensfreude durch Lichtatemübungen zurückschrecken, nehmen manchmal den Umweg über intensiv empfundene Dankbarkeit.

Eine im guten Sinne intellektuelle, dadurch aber zu Anfang betont kopfgesteuerte Psychologiestudentin der Smartphone- und Internetgeneration, die mit depressiver Niedergeschlagenheit und selbstverletzendem Verhalten zu mir in Therapie kam, sehnte sich nach nichts mehr als nach Wärme, um einen Weg aus der Isolation ihres emotionalen Eingefrorenseins zu finden. Das depressive Dunkel in ihr hellte sich beträchtlich auf, als über erste Wärmestrahlen der Eispanzer abschmolz und sich ihr Herz vorsichtig öffnete. Sie entdeckte ihre Liebessehnsucht wie Liebesfähigkeit. Über neue zarte Gefühle von Verbundenheit wuchs eine solche Dankbarkeit gegenüber den Chancen in ihrem Leben heran, dass es über diesen Umweg hell und heller in ihr wurde. Sie schreibt in ihrem Therapietagebuch:

»Wo ich die Dankbarkeit spüre? Im Oberkörper, nahe des Herzens. Wie sieht es aus? Gold-gelbe Flammen, von unten nach oben (wie ein Wasserfall, der rückwärts fließt). Es schießt dann oben raus. Ich komme mir dann vor wie eine wandelnde Glühbirne; die anderen Menschen merken es und geben Resonanz (was mir wichtig ist und mich lebendig macht). Die Strahlen gehen etwa 30 cm weit weg von meinem Kopf und sind vereinzelt, denn das leuchtet anders als eine normale Birne. Wie ich das spüre? Es ist wie Freude, Wärme, Zuneigung, Wohlfühlen. Wärme ist u.a. das, was ich am Anfang brauchte. Manchmal würde ich ein höheres Wesen für meine Glücksphasen verantwortlich machen – aber nur zwischendurch manchmal. Über die Dankbarkeit entdecke ich zwangsläufig auch das Licht in mir.«

Zwei Tage später notiert sie:
»Ich erforsche ein wenig mein Inneres. Es gibt da die Freude und Dankbarkeit und ich versuche, zu fühlen, ob das zwei verschiedene Schalter sind. Weil die Freude schießt und strahlt immer, während Dankbarkeit eher warm und tief lodert und sich anfühlt wie warmes Badewannenwasser. Freude leuchtet sehr stark und Dankbarkeit ist eher wie warmes Wasser. Beide zusammen sind... ultra :) Dass ich sie vorher als schießende Flammen beschrieben habe, könnte daran liegen, dass Dankbarkeit und Freude gleichzeitig am Werk waren. Wenn man Wärme und Flammen kombiniert, könnte ja ein Geysir herauskommen. Ein heißer, leuchtender Wasserstrahl, der oben rausprescht ...«

In der Tat sind Dankbarkeit und Freude oft gleichzeitig am Werk. Ihnen wohnt eine ansteckende Lebensenergie inne.

DER LICHTENERGIEKREIS

Es existieren viele unterschiedliche Anleitungen für einen Energiekreis. Meine Version ist eine Abwandlung des »Powerkreises« von Armin Mattich und knüpft an bereits vorgestellte Lichtatemübungen an.

Übung

26

Mein Energiekreis aus strahlendem Licht

Diese Lichtenergiekreis-Übung darfst du keinesfalls im Stehen durchführen. Setze dich dazu bequem an einen ruhigen Ort hin und schließe die Augen. Falls es dir nicht möglich ist, die Augen zu schließen, fixiere einen Punkt auf dem Boden, etwa einen Meter vor deinen Füßen. Nimm eine bequeme

Haltung ein, aber achte darauf, dass deine beiden Füße mit den Fußsohlen festen Kontakt zum Boden haben ... Erinnere dich an dein Herzgedächtnis und deinen Lichtatem ... Lege die Unterarme und deine beiden Hände so ineinander verschränkt auf deinen Oberschenkeln ab, dass deine linke Handfläche nach oben und die rechte Handfläche nach unten weisen. Auf diese Weise entsteht ein kleiner, gewölbter Hohlraum zwischen deinen Händen ... Konzentriere dich auf deine Atmung. Nimm einige Atemzüge lang wahr, wie du atmest, dass du atmest und dass dein Atem kommt und wieder geht, ohne dass du willentlich etwas dafür tun müsstest ... Mache dir einen Augenblick bewusst, dass das Atmen in deinem Leben etwas ist, wofür du dich normalerweise nicht anstrengen musst. Dein Atem kommt und geht von alleine. Als Einatem strömt er leicht und fließend in dich hinein und als Ausatem wieder aus dir heraus. Es gibt da in deinem Leben also zumindest einen Bereich, der ganz und gar ohne Anstrengung funktioniert. Mache dir das noch einmal ausdrücklich bewusst. Und mache dir bewusst, dass dein Atem in deinem Leben das Erste ist, das kommt, und das Letzte ist, das geht. Dazwischen bist du mit deinem einzigartigen Leben, für das du immer wieder neue Kräfte und Lebensenergie benötigst.

Und nun vertiefe deine Atmung ein wenig, aber ohne Anstrengung. Bringe deine Atmung außerdem in Ordnung, indem du gezielt vermehrt in den Bauch hinein atmest, so dass sich deine Bauchdecke beim Ein- und Ausatmen leicht hebt und senkt.

Beginne nun mit der Vorstellung: Ich atme Licht in die Mitte meines Herzens. Ich atme helles, strahlendes Licht in die Mitte meines Herzens ... Und weil ich mit jedem neuen Atemzug unermüdlich weiter helles, strahlendes Licht in das Zentrum meines Herzens atme, verdichtet sich dieses Licht zu einem einzigen strahlenden Leuchten. Mein Herz wird Licht, ist licht ... Mein Herz beginnt aus sich heraus hell zu leuchten und zu strahlen ... Mit jedem neuen Atemzug, mit dem ich klares, helles Licht in die Mitte meines Herzens atme, wird dieses Leuchten und Strahlen heller und stärker.

Atme nun noch ein wenig tiefer ein und aus ... Mit jedem tiefen Einatem atmest du helles, strahlendes Licht in die Mitte deines Herzens. Und mit jedem tiefen Ausatem schickst du jetzt dieses helle, strahlende Licht in deiner Vorstellung durch deinen rechten Arm hinunter, durch deine beiden Hände und den linken Arm wieder hoch zurück in dein Herz. Mit jedem Ausatem schickst du das helle, strahlende Licht aus deinem Herzen den rechten Arm hinunter und den linken Arm wieder hoch zurück in dein Herz ... Übe dich für etliche Atemzüge in dieser Vorstellung, wie dein Licht von deinem Herzen ausgehend durch deine Arme zurück in dein Herz strömt. Du schickst einen hellen Lichtkreis, einen Lichtbogen durch dein Herz und deine beiden Arme.

Falls es dir nicht unangenehm wird, atme noch tiefer und auch ein wenig schneller ... tiefer und schneller. Und halte deine Vorstellung aufrecht: Dein helles, strahlendes Licht saust von deinem Herzen deinen rechten Arm hinunter und durch den linken Arm hinauf zurück in dein Herz ... Bleibe eine ganze Weile bei dieser Vorstellung ... Sollte dir durch die vertiefte und beschleunigte Atmung leicht schwindlig werden, atme wieder ruhiger und langsamer, während du dein Licht immer weiter über dein Herz und die Arme in den Lichtkreis schickst.

Es mag sein, dass du den Lichtkreis mit der Zeit tatsächlich vor deinem inneren Auge sehen kannst ... einen strahlenden Bogen aus leuchtend hellem Licht ... Vermutlich siehst du auch dein Herz immer heller und leuchtender. Vielleicht beginnst du nach einer Weile innere Bilder auf der Höhe deines Körpers zu sehen, hinter der in deiner Brust dein Herz schlägt ... Das kann sein, muss aber nicht sein. Sollten innere Bilder auftauchen, sei nicht verwundert, falls sie traumähnlichen, mystischen oder religiösen Charakters sind. Erlaube ihnen zu sein. Nimm sie wahr, erfreue dich ihrer und schicke mit jedem neuen Atemzug weiter dein helles Licht durch dein Herz und deine Arme zurück in dein Herz.

Bleibe noch für eine ganze Weile bei der Vorstellung deines Lichtenergiekreises, der durch dein Herz und deine Arme fließt ... Mit jedem neuen Ein- und Ausatmen schließt sich dein Lichtkreis.

Schicke das helle, strahlende Licht zum Abschluss noch zwei, drei Mal durch dein Herz und deine Arme ... Verweile mit geschlossenen Augen und lasse dein Erleben noch eine Zeit lang in dir nachklingen ... Vielleicht hast du ein Gefühl, als wäre in deinem ganzen Körper und in deiner Seele ein merkwürdiges Summen und Schwirren, als würde alles in dir ganz fein vibrieren ... Öffne nun langsam deine Augen, aber bewege dich noch nicht ... Öffne nur deine Augen und lasse den Energiekreis langsam weiter in dir abklingen. Vermutlich spürst du große Wärme in dir. Vielleicht schwitzt du sogar aus allen Poren. Deine Hände sind warm. Du fühlst dich hell und voller Lebensenergie.

Der Lichtenergiekreis wirkt in der Tat stark energetisch aufladend. Je tiefer und schneller und anhaltender Sie atmen, desto tiefer die Wirkung. Lassen Sie Ihren Atem mit seinem Licht gut 15 bis zwanzig Minuten kreisen. Manche Menschen können oder mögen sich nicht derart auf ihren Atem konzentrieren. Es wird ihnen durch das vertiefte, schnellere Atmen schwindlig. Andere fühlen bei jeder Konzentration auf ihre Atmung Beklemmungsgefühle. Dann müsste erst dieses Symptom verstanden und behandelt werden, bevor sie einen Lichtenergiekreis durchführen können. Wer vertrauter mit forcierter Atmung ist, kennt auch die möglichen Schwindelgefühle, weiß, dass sie kein Grund für Besorgnis sind und atmet sich einfach durch sie hindurch. Er wird nach dem Beenden der Übung noch lange in Ruhe dem sehr, sehr hellen Licht in sich nachspüren wollen. Ich betone ausdrücklich, dass mit der vertieften Atmung, die eine wirkliche Poweratmung sein kann, keine Hyperventilation gemeint ist.

Sollte Ihnen eine vertiefte Atmung unangenehm ein, schicken Sie das helle, strahlende Licht einfach ganz sachte, ruhig und langsam durch Ihr Herz und Ihre Arme. Bleiben Sie lange genug bei dieser Vorstellung, können Sie spüren, wie Ihr Lichtkreis immer stärker Form und Gestalt annimmt. Auch bei der sanften Form können nach einer Weile innere Bilder auftauchen, wenn das helle Licht immer wieder das Herz quert. Nicht selten tauchen Vorstellungen von gefalteten, betenden Händen, das Haupt Christi, Marienbilder, rote Herz-Jesu-Bilder, Engelgestalten, Buddhafiguren oder weise Männer und Frauen auf. Selbst in keiner Weise religiöse Menschen können sich davon überrascht sehen. Ein Grund, überrascht zu sein, wäre das allerdings nicht, sind diese Bilder und Symbole doch tief in unserem kollektiven menschlichen Unbewussten als archetypisches Erbe angelegt.

Der Lichtenergiekreis kann folglich auf zwei Ebenen genutzt werden. Rein weltlich zur energetischen Aufladung oder im Sinne vertiefter spiritueller Erfahrungen. Darüber entscheiden Sie, allerdings nur zu Anfang. Fließt der Energiekreis erst einmal, hat Ihr Bewusstsein letztlich kaum noch einen Einfluss darauf, welche inneren Bilder in Ihnen auftauchen oder Ihnen geschickt werden.

VERGEBEN UND VERZEIHEN

Vergeben und verzeihen können wir anderen Menschen, von denen wir uns verletzt oder gekränkt fühlen oder die uns Unrecht, Leid, Gewalt angetan haben. Vergeben und verzeihen können wir aber auch uns selbst, weil wir uns selbst verletzt haben, uns selbst Leid, Unrecht oder Gewalt zugefügt oder Schuld auf uns geladen haben. Verschulden können wir uns wiederum an anderen Menschen oder an uns selbst. Anderen Menschen haben wir häufig schon etwas verziehen. Ungleich schwieriger ist es, uns selbst etwas zu verzeihen.

Sich selbst etwas zu verzeihen, ist weder mit Vergessen noch mit Verdrängen gleichzusetzen. Es ist die Anerkennung der unabweisbaren Verantwortung dafür, dass ich mir selbst oder anderen Menschen im Leben Leid zugefügt habe. Das Wissen darum lastet uns häufig jahre-, jahrzehnte- oder lebenslang auf dem Herzen, der Seele, dem Nacken, den Schultern. Die Bürde, die wir durchs Leben schleppen und die uns bedrückt, kann uns bewusst sein, ohne dass es uns bislang gelungen ist, uns von ihrer Schwere zu entlasten. Sie kann aber auch unbewusst, vergessen oder verdrängt sein und erst in dem Moment wieder wachgerufen werden, wenn uns jemand mit der Frage überrascht: »Was ist das Wichtigste in deinem Leben, das du dir selbst verzeihen und vergeben solltest?«

Nicht wenige Menschen machen aufgrund der Schatten auf ihrer Seele und der Bürden, die sie durch ihr Leben tragen, lange Psychotherapien, einzeln oder in Gruppen. In vielen Psychotherapien wird jedoch niemals die Frage nach der eigenen Vergebung gestellt.

Eine weitere Schwierigkeit kommt hinzu: Oftmals wissen die Menschen gar nicht mehr, was die Ursache für ein Problem in ihrem Leben ist. Noch so tiefes Graben in der eigenen Herkunftsgeschichte hilft nicht weiter. Die ursprüngliche Ursache für eine Lebensschwierigkeit lässt sich nicht mehr ergründen. Spürbar ist nur, dass sie Leiden verursacht. Wenn wir ein seelisches Leiden nicht mehr auf seine Ursache zurückverfolgen können, dann ist es hilfreich, nicht mehr unablässig zu fragen: »Warum?« Die gültige Erklärung ist nicht das Entscheidende. Das Entscheidende ist, dass wir ein bestimmtes Lebensmuster oder eine Bürde nicht mehr länger durch unser Leben tragen möchten. In dem Falle helfen Entbindungs- und Vergebungsrituale.

Unterschätzen oder missachten wir die Frage nach der eigenen Vergebung, halten wir an unnötigen Lasten fest. Üben wir uns im Verzeihen uns selbst und anschließend anderen gegenüber, werden die Lasten auf dem Herzen, auf dem Gemüt, auf der Seele und auf den Schultern spürbar leichter, manchmal so leicht, dass wir schweben könnten. Auch Ihnen lege ich deshalb die

Frage nahe: »Was möchten Sie sich in Ihrem Leben am meisten verzeihen?« Sie sollten nicht länger zu den Menschen gehören, die mit eisernem Griff ums Herz feststellen: »Ich kann mir das einfach nicht verzeihen.«

Ich biete Ihnen hier zwei Vergebungsübungen an. Das erste Vergebungsritual ist angelehnt an Sascha Ansahls Anleitung einer althergebrachten hawaiianischen Heilungsmethode mit Namen Ho'oponopono, die in etwa bedeutet: »die Dinge in Ordnung bringen«.

Übung

27

Vergebungsritual

Ich möchte mir selbst etwas verzeihen und vergeben, das mich lange genug durch mein Leben begleitet hat. Ich möchte nicht länger erlauben, dass dieses Thema, diese Erinnerung, dieses Wissen weiter mein Leben beeinträchtigt und mir ohne Unterlass negative Gefühle und Gedanken beschert.

Selbst wenn ich letztlich gar nicht genau weiß, weshalb ich diese negativen Kräfte, diese schweren Gefühle und schwarzen Gedanken in mir hege, übernehme ich für meine Gefühle die volle Verantwortung. Ich vergesse nichts, ich verdränge nichts, sondern ich übernehme die volle Verantwortung für meine Gefühle. Und ich übernehme die Verantwortung, mich von den Gefühlen, die ich in meinem Leben nicht länger tragen möchte, zu entlasten, zu entbinden.

Ich bitte um Vergebung und Verzeihung für all das, was ich mir in meinem Leben durch meine Taten, Handlungen, Gedanken, Gefühle und Worte selbst angetan habe und wodurch ich mich an mir selbst und meiner eigenen Seele verschuldet habe. Dafür übernehme ich die volle Verantwortung. Im Bewusstsein dieser Verantwortung leiste ich Abbitte bei meinem eigenen inneren Kind wie meinem höheren Selbst. Ich erlaube mir endlich selbst, mir zu vergeben und zu verzeihen. Ich vergebe und verzeihe mir.

Ich bitte auch alle anderen Menschen um Vergebung und Verzeihung, denen ich in meinem Leben durch meine Taten, Handlungen, Gedanken, Gefühle und Worte Leid zugefügt habe, denen gegenüber ich Schuld auf mich geladen habe. Ich bekenne mich voll und ganz zu meiner Verantwortung und bitte alle um Vergebung und Verzeihung. Und ich verzeihe und vergebe mir selbst. Sollte jemand mir nicht verzeihen wollen, entbinde ich ihn dennoch von mir und mich von ihm.

Ich übernehme für meine Person für alle meine Taten, Handlungen, Gefühle, Gedanken und Worte die Verantwortung und verzeihe und vergebe. Ich löse damit alle negativen Verbindungen und Muster in meinem Leben. Ich entbinde und löse mich willentlich und bewusst von diesem Thema in meinem Leben. Ich fühle mich entlastet und befreit. So fühle ich mich. So ist es.

Ich bedanke mich von ganzem Herzen bei mir selbst, bei anderen, bei meinen inneren Helfern, dass ich heute und jetzt alles bewusst lösen und loslassen kann, was ich so lange in meinem Leben mit mir herumgetragen habe. Ich bin zutiefst dankbar dafür, dass ich mich mit der Weisheit meiner Seele und meinem freien Willen dazu entscheiden kann, loszulassen, zu verzeihen und zu vergeben.

Das Ritual wirkt nicht einfach magisch. Es kann deshalb sein, dass Sie es öfters vollziehen müssen, bis es Ihnen tatsächlich gelingt, sich etwas Gravierendes zu vergeben. Über die Wiederholungen bleiben Sie aber mit Ihrem eigenen Vergebungsprozess verbunden.

Vergebungsrituale sind ein so individuelles wie intimes Geschehen, dass jede Anleitung bestenfalls eine Annäherung an ein gnädiges Verzeihen sein kann. Verstehen Sie deshalb auch meine Version des Ho'oponopono-Vergebungsrituals nur als Vorschlag. Möchten Sie selbst ein solches Ritual ausführen, werden Sie Ihre ergänzenden, passenden Worte finden. Scheuen Sie sich nicht, falls Ihr persönliches Vergebungsritual Ihrem Gefühl nach einen heiligeren Charakter benötigt.

Die nächste Vergebungsübung zielt noch stärker auf Sie selbst. Sie beschert Ihnen ein höheres Maß an innerem Frieden und ist mit deutlich spürbaren Erleichterungen im Herzen verbunden. Sie beruht in Teilen auf einer Vergebungsmeditation von Armin Mattich, bei der sich das Vergeben jedoch auf andere Menschen richtet.

Übung

28

Sich verzeihen und das Herz erleichtern

Setze dich bequem an einen ruhigen Ort hin und schließe die Augen. Falls es dir nicht möglich ist, die Augen zu schließen, fixiere einen Punkt auf dem Boden, etwa einen Meter vor deinen Füßen. Nimm eine bequeme Haltung ein. Spüre, wo dein Körper Kontakt zur Lehne, zum Sitz oder zum Boden hat. Achte auf deine Atmung ... und lenke deinen Atem gezielt in den Bauch hinein. Nimm nun einige Atemzüge lang wahr, wie du atmest, dass du atmest und dass dein Atem kommt und wieder geht, ohne dass du bewusst etwas dafür tun müsstest ... Mache dir einen Augenblick bewusst, dass das Atmen in deinem Leben etwas ist, wofür du dich normalerweise nicht anzustrengen brauchst. Dein Atem kommt und geht von alleine. Als Einatem strömt er leicht und fließend in dich hinein und als Ausatem wieder aus dir heraus. Es gibt da in deinem Leben also zumindest einen Bereich, der ganz und gar ohne Anstrengung funktioniert. Mache dir das noch einmal ausdrücklich bewusst. Und mache dir bewusst, dass dein Atem in deinem Leben das Erste ist, das kommt, und das Letzte ist, das geht. Dazwischen bist du mit deinem Leben.

Und nun vertiefe deine Atmung ein wenig, aber ohne Anstrengung. Und lenke deinen Atem weiterhin gezielt in deinen Bauch hinein ... Atme ruhig und tief in den Bauch hinein ...

Lege nun deine Hände auf deinen Oberschenkeln ab, so dass deine Handflächen nach oben weisen. Forme deine Handflächen dabei so, als ob du eine schöne Kugel in deinen Händen hieltest.

Atme ruhig und tief.

Konzentriere dich auf deine Hände und Fingerspitzen und den Raum zwischen deinen Handflächen. Wenn du ganz genau hinspürst, kannst du die Wölbung in deinen Handflächen spüren ... und du kannst fühlen, wie sie bereit sind, etwas in sich aufzunehmen. Erschaffe nun in deiner Vorstellung eine goldrosa Kugel, die du in deinen Händen hältst, ... eine goldrosa Kugel ... lasse sie in deinen Händen auftauchen ... In der Wölbung deiner Handflächen ruht nun eine makellose, goldrosa Kugel, schön und rund ... und goldrosa durch und durch.

Schenke deiner Kugel in deinen Händen deine ganze Aufmerksamkeit. Schenke ihr Gewicht. Verleihe ihr Bedeutung.

Goldrosa siehst du deine Kugel, durch und durch goldrosa.

Nun erinnere dich an etwas, womöglich das Wichtigste in deinem Leben, das du dir selbst verzeihen möchtest. Rufe in dir wach, was dir als heimliche oder gut vertraute Schuld auf der Seele lastet, was du unerlöst durch dein Leben trägst. Denke daran, was du dir selbst oder anderen

Menschen angetan hast. Doch Menschen kann man verzeihen, denn manchmal wissen sie nicht, was sie tun.

Projiziere nun dein Gesicht auf deine goldrosa Kugel in deinen Händen. Blicke dir selbst ins Gesicht. Konzentriere dich auf dein Gesicht ... Schau hin. Schau genau nach deinen Haaren, nach deiner Stirn, deinen Augen, deiner Nase, deinem Mund mit seinen Mundwinkeln ... Schau dich genau an, wie du dich in deiner goldrosa Kugel siehst.

Jetzt erinnere dich an deine guten, liebenswerten Eigenschaften ... nur an deine guten Eigenschaften. Bei jedem Menschen finden sich positive Eigenschaften, so auch bei dir, selbst wenn du sie bislang vielleicht zu gering schätzen mochtest. Finde alle deine achtenswerten Eigenschaften und menschlichen Qualitäten.

Dann erinnere dich an deine guten Taten oder Worte, die du anderen hast zuteilwerden lassen – und seien es nur ein einziges gutes, tröstendes Wort oder eine einzige, winzige hilfreiche Geste, die dir einfallen mögen. Erinnere dich und finde deine guten Taten, Worte und Gesten – und sei es nur Zeit, die du anderen Menschen geschenkt hast oder Liebe, die du für jemanden in dir trägst.

Anderen Menschen hast du schon so vieles vergeben und verziehen. Jetzt vergib dir selbst, was du dir bislang noch nicht vergeben mochtest. Woanders ist dir schon längst vergeben und verziehen. Nun vergib auch du dir.

Schau in deine goldrosa Kugel in deinen Händen. Und denke dir: »Ich nehme mich so an, wie ich bin. Ich vergebe und verzeihe mir selbst ... Ich vergebe und verzeihe mir ... Ich vergebe und verzeihe ... Ich vergebe.«

Lass die Vergebung in dir aufsteigen, dein Herz, dein Bewusstsein erreichen. Ich vergebe und ich verzeihe mir. Dadurch, dass ich mir selbst endlich vergebe, erlange ich Freiheit. Ich werde frei für andere neue Aufgaben, die mir das Leben stellen möchte.

Schau erneut in deine goldrosa Kugel, schaue dir wieder ins Gesicht.

Sicher siehst du, dass sich etwas verändert hat.

Sicher befinden sich deine Mundwinkel nicht mehr an der gleichen Stelle. Sicher schauen deine Augen gelöster, freudiger, heller. Sicher liegt deine Stirn weniger in Falten.

Jetzt lass deine goldrosa Kugel langsam aus deinen Händen entschweben, denn ihr Ziel und ihre Bestimmung hat sie schon.

Öffne langsam deine Augen und erfreue dich deiner Erleichterung im Herzen.

DA WAR DOCH NOCH WAS …

Es ist immer wieder ergreifend, Zeuge werden zu dürfen, wie schnell und mühelos selbst mit vielen therapeutischen Wassern gewaschene Menschen durch eine Vergebungsübung an die sensiblen Punkte ihres Daseins geführt werden, wo weiterhin das Unerlöste in ihnen auf Erlösung wartet. Da kann für Augenblicke eine tief sitzende, alte Angst vor Schmerzvollem, vor etwas Lauerndem aufflackern, aber nach dem Vergebungsritual stellt sich die bislang nicht gefundene Erleichterung im Herzen ein. Oder es wird spürbar, wo Menschen vereinzelt noch einmal »ran müssen«, wollen sie ein bestimmtes Kapitel in ihrem Inneren endlich zur Ruhe bringen.

In ähnlicher Weise bietet sich die Vergebungsübung an, damit wir unterschiedlichen Menschen, an die uns noch etwas Unerledigtes bindet, verzeihen oder sie umgekehrt mittels der Kraft der Übung um Vergebung bitten. So können wir auf sanfte Weise aufräumen in unserem Leben, was aufgeräumt werden möchte.

DIE TORE ZUM LEBENSENDE ÖFFNEN

Wir alle wissen, dass wir nicht ewig leben werden. Was nach unserem Tod kommt, werden wir nie wissen. Wir können es bestenfalls glauben oder ahnend fühlen. Vielen Menschen flößt die Vorstellung, irgendwann sterben zu müssen, Furcht ein. Sie blenden den Tod aus und tun so, als lebten sie ewig. Wer sich mutig und entschlossen auf den Weg zu sich selbst begibt, wird feststellen, dass sich seine Einstellung gegenüber dem Tod verändert. Das Lebensende und die Zeit davor verlieren ihren Schrecken. Dem Ankommen bei sich selbst, begleitet von innerem Frieden, Mitgefühl und Vergebung, wohnt die Eigenheit inne, die Tore, die zum Sterben hinüber führen, derart in uns zu öffnen, dass wir uns frühzeitig mit dem Tod vertraut machen können, selbst wenn wir erwarten dürfen, noch viele geschenkte Lebensjahre vor uns zu haben.

Patrick Declerk schrieb in einer Sonderausgabe des »Nouvel Observateur« aus dem Frühjahr 2002: »Vergesst nicht, dass es zwei Arten von Verrückten gibt: diejenigen, die nicht wissen, dass sie sterben müssen, und diejenigen, die vergessen haben, dass sie lebendig sind.« In diesem Sinne gilt es das Wagnis unseres Lebens zu realisieren. Es liegt im Leben selbst, darin, dass wir erkennen, wofür es sich zu leben lohnt. Es gibt ein Leben vor dem Tode. Und das können wir umso besser leben, wenn wir den Tod daraus nicht zu verbannen trachten. Schauen wir ihn ohne Tabus an, können wir uns auf ihn vorbereiten. So wachsen wir im Gedenken an unseren Tod und bereichern unser Leben, bevor er uns ereilt.

Die Übung »Die Angst verlieren: realisieren und loslassen« habe ich in Anlehnung und im Gedenken an die Achtsamkeitspraktiken des buddhistischen Zen-Meisters Thich Nhat Hanh verfasst. Als ich sie zum ersten Mal einer Gruppe von Menschen anbot, die sich stark vom kürzlichen oder sich ankündigenden Tod eines Elternteils belastet fühlten, zeigten sich am Ende alle ergriffen und von stiller Dankbarkeit erfüllt. Die Vorstellung, von nun an selbst in der ersten Reihe zu stehen, hatte für alle ihren Schrecken verloren.

Übung

29

Die Angst verlieren: realisieren und loslassen

Setzen Sie sich für diese Übung an einen stillen Ort, vielleicht sogar draußen auf eine Bank im Halbschatten eines Baumes. Legen Sie Ihre Hände so ineinander verschränkt auf Ihren Oberschenkeln ab, dass die linke Handfläche nach oben weist und die rechte Handfläche nach unten. So entsteht ein kleiner Hohlraum zwischen Ihren Handflächen. Und dann geben Sie sich ein- und ausatmend den Worten hin:

Ich atme ein.
Ich atme aus.

Ich atme ein.
Ich atme aus.

Einatmend weiß ich, dass ich einatme.
Ausatmend weiß ich, dass ich ausatme.

Einatmend atme ich helles, strahlendes Licht in das Zentrum meines Herzens.
Ausatmend schicke ich das Licht durch meinen rechten Arm hinunter und durch meinen linken Arm wieder zurück in mein Herz.

Tief einatmend atme ich helles, strahlendes Licht in das Zentrum meines Herzens.
Tief ausatmend schicke ich das Licht durch meinen rechten Arm hinunter und durch meinen linken Arm wieder zurück in mein Herz.

Langsam tief einatmend atme ich helles, strahlendes Licht in das Zentrum meines Herzens.
Langsam tief ausatmend schicke ich das Licht durch meinen rechten Arm hinunter und durch meinen linken Arm wieder zurück in mein Herz.

Einatmend weiß ich, dass ich älter werde.
Ausatmend weiß ich, dass ich jeden Tag Neues dazu lerne.

Einatmend bin ich mir bewusst, dass ich eines Tages meine Arbeit aufgeben muss.
Ausatmend weiß ich, dass ich als Mensch viel mehr bin als meine Arbeit.

Einatmend weiß ich, dass ich noch älter und alt werde.
Ausatmend weiß ich, dass ich dem Altwerden nicht entgehen kann.

Einatmend weiß ich, dass ich krank werden kann.
Ausatmend weiß ich, dass ich dem Krankwerden nicht entgehen kann.

Einatmend weiß ich, dass ich vielleicht Schmerzen leiden werde.
Ausatmend weiß ich, dass ich den Schmerzen
nicht entkommen kann.

Einatmend weiß ich, dass ich irgendwann sterben und hinübergehen muss.
Ausatmend weiß ich, dass ich dem Tod und dem Hinübergehen
nicht entgehen kann.

Einatmend weiß ich, dass ich, wenn ich gerufen werde,
alles aufgeben muss,
was mir lieb und teuer ist,
dass ich alle Menschen loslassen und zurücklassen muss,
die meinem Herzen nahestehen und die ich liebe.
Ausatmend weiß ich, dass ich, wenn ich gerufen werde,
dem Aufgeben aller Dinge,
die mir lieb und teuer sind,
und dem Loslassen und Zurücklassen aller Menschen,
die meinem Herzen nahestehen und die ich liebe,
nicht entgehen kann.

Einatmend weiß ich, dass meine Taten und Handlungen
mein einziges Eigentum sind.
Ausatmend weiß ich, dass ich die Folgen meiner Taten und Handlungen
zu verantworten habe und ihnen nicht entkommen kann.

Einatmend bin ich fest gewillt, alle meine Tage in
Achtsamkeit und Mitgefühl zu leben.
Ausatmend bin ich dankbar für die Freuden und den Frieden
meines Lebens in einem achtsamen und mitfühlenden Geist.

Einatmend weiß ich, dass ich einatme.
Ausatmend weiß ich, dass ich ausatme.

Einatmend realisiere ich, dass es mich gibt.
Ausatmend schicke ich mich voller Vertrauen darin,
dass irgendwann mein letzter Ausatem mich verlässt
und ich hinübergehe nach Hause.

Nach Hause.

DAS LEBEN
IST NACH VORNE HIN
OFFEN ...

Viele Menschen leben mit ihrem Gedächtnis permanent in der Vergangenheit. Andere betonen die Wichtigkeit des Lebens im Hier und Jetzt. Gleichwie: In der Gegenwart fehlen uns vielfach die lebendigen Visionen und Bilder einer erstrebenswerten Zukunft, individuell wie kollektiv. Manchmal zieht deshalb an den Menschen das Leben vorüber, ohne dass sie wirklich darin gelebt hätten. Aus diesem Grunde schlage ich Ihnen eine letzte Übung vor, die Ihnen die bittere Erkenntnis ersparen soll: »Ich komme in meinem eigenen Leben gar nicht vor.«

Übung

30

Gehen Sie in Ihr Zukunftsgedächtnis

Gehen Sie als der Mensch, als der Sie derzeit in Ihrem Leben stehen, für einen Moment in Ihr Zukunftsgedächtnis. Stellen Sie sich vor, wie Sie Tag für Tag, Jahr für Jahr weiter und schneller altern - mit wachsendem Alter rast die Zeit immer schneller - und überlegen und entscheiden Sie sich schließlich, wie alt Sie eigentlich werden möchten. Scheuen Sie sich nicht, Ihr Wunschlebensalter ins Auge zu fassen. Möchten Sie fünfzig Jahre alt werden, 63 Jahre, 77, 86, 94 oder sogar 108 Jahre? Welches Alter würden Sie sich wünschen? ... Treffen Sie ohne langes Nachdenken Ihre Wahl, selbst wenn Sie keine Gewähr dafür haben können, dass es kommen wird, wie Sie es sich wünschen. Es unte4rliegt jedoch völlig Ihrem Einflussbereich, in Zukunft jeden kommenden Tag freudig zu begrüßen, ihn zu durchleben und sich an seinem Ende zu vergegenwärtigen, was Sie höchstselbst dazu beigetragen haben, ihn zu einem guten Ende gebracht zu haben. Und während Sie sich vor Ihrem inneren Auge vorstellen, wie Sie altern, wie Sie sich auf Ihr Wunschlebensalter zubewegen, begrüßen Sie jede neue Falte und jede körperliche Veränderung vor Ihrem Spiegel als ein Zeichen für wachsende Weisheit, statt damit zu hadern.

Sie sind sich auch gewiss, dass Ihr Leben hier auf Erden nicht endlos dauern wird. Sie haben sich aus dieser unabweisbaren Gewissheit heraus gerade überlegt, wie alt Sie eigentlich zu werden wünschen. Unabhängig von Ihrem Welt- und Menschenbild wird Ihr Lebenslicht irgendwann verlöschen und Sie werden hinübergehen, wohin auch immer. Fragen Sie sich deshalb in Ihrem Zukunftsgedächtnis schon heute einmal in der nur noch selten gebräuchlichen Form des Futurs II: »Wenn ich gegen Ende meines Lebens noch einmal vor den Spiegel trete

und mir in die Augen schaue, wer werde ich dann gewesen sein wollen?« Und sobald Sie es wissen, fragen Sie sich ganz aktuell zur Ermunterung wie Ermutigung noch: »Und was kann und möchte ich ab jetzt jeden neuen Tag genau dafür tun?«

Die Betonung der letzten Frage der Übung liegt nicht auf Ihrer Endlichkeit, nicht auf dem Enden des Lebens und dem Hinübergehen. Die Betonung liegt darauf, wie Sie Ihr Potenzial verwirklichen und was Sie weiter aus der Zeit zu machen wünschen, die Ihnen als Lebenszeit noch geschenkt ist. Deshalb können Sie sich diese Szene frei von Beklemmungsgefühlen vorstellen.

Eines Schlussakkords bedarf es an dieser Stelle noch nicht, denn das Leben ist nach vorne hin offen. Es ist allerdings nur dann offen, wenn Sie es als der Mensch, der Sie sind oder zu sein wünschen, für sich offen halten. Richten Sie es sich bequem und unbeweglich im Leben ein, verschließen sich nicht bloß sämtliche weiten Räume. Es verschließt sich auch Ihr Herz. Einige Schlüssel, um Ihr Herz auf dem Weg zu sich selbst und zu Ihren Mitmenschen zu öffnen, habe ich Ihnen mit den Übungen in diesem Buch an die Hand gegeben.

Darüber hinaus existiert ein Reichtum an Möglichkeiten, Menschen auf ihrem Lebensweg Hilfe und Unterstützung zu gewähren. Viele heilsame Wege entziehen sich jedoch der Anwendung in Eigenregie über eine verschriftete oder besprochene Anleitung. Sie können ausschließlich über den Weg der unmittelbaren Selbsterfahrung mit erfahrener Begleitung erlernt und erworben werden.

Manche funktionieren nicht alleine. Für emotional heilende Strukturarbeiten mit Lösungs- oder Zaubersätzen, die das gesamte bisherige Lebensskript korrigieren können, oder für körpertherapeutische Hilfestellungen braucht es hilfreiche Menschen. Manche der wundersamen Erfahrungen als verbundener Teil eines Mitgefühls- oder Herz-Resonanzkarussells eröffnen sich nur über die Struktur einer Gruppe. Alleine ist manchmal einfach zu wenig.

Vieles auf Ihrem Lebensweg vermögen Sie jedoch in Eigenregie zu erreichen, sofern Sie Ihren Teil dazu beitragen.

Mein Wunsch für Sie: Es möge Ihnen in Ihrem Leben allzeit so gut gehen wie irgend möglich. Und denken Sie daran: Zu gut gehen kann es Ihnen niemals. Mögen Sie zudem eingedenk der Worte aus dem »Gesang der Geister über den Wassern« von Johann Wolfgang von Goethe sein, mit denen ich dieses Buch schließe:

Des Menschen Seele
Gleicht dem Wasser:
Vom Himmel kommt es,
Zum Himmel steigt es,
Und wieder nieder
Zur Erde muss es,
Ewig wechselnd.

KURZANLEITUNG ZUM HERUNTERLADEN DER ÜBUNGEN

Die im Buch enthaltenen Übungen 6, 11, 12, 13, 14, 16, 21 und 28 wurden vom Autor gesprochen und sind als Audiodateien erhältlich. Sie sind mit QR-Code und einem Symbol gekennzeichnet.

Zum Herunterladen sind folgende Schritte erforderlich:

Installieren Sie bitte auf ihrem Mobiltelefon einen gratis QR Code Reader aus dem App Store. Mit diesem scannen Sie dann den Code im Buch und gelangen so direkt auf die Website mit den Audiodateien zum Anhören und /oder Runterladen.

Alternativ können Sie auch über Ihren PC, Ihr Tablet oder Ihr Handy auf folgende Webadresse gehen:
http://fischerundgann.com/erweitert/gib-deiner-seele-raum/

Dann geben Sie folgendes Passwort ein: **vielweiteres**

Auch auf diesem Weg gelangen Sie einfach zu den Übungen, die Sie speichern und nun in Ruhe hören und praktizieren können.

WEITERE BÜCHER DES AUTORS

Kuntz, Helmut (2012): Zeit für Mitgefühl. Die wichtigste Übung im Leben. Theseus, Bielefeld

Kuntz, Helmut (2016): Haschisch. Konsum-Wirkung-Abhängigkeit-Selbsthilfe-Therapie. Beltz, Weinheim (2. aktualisierte und erweiterte Auflage)

Kuntz, Helmut (2016): Drogen & Sucht. Ein Handbuch über alles, was Sie wissen müssen. Beltz, Weinheim (5. aktualisierte und erweiterte Auflage)

Kuntz, Helmut (2015): Verstehen, was uns süchtig macht. Hilfe zur Selbstheilung. Beltz, Weinheim

Kuntz, Helmut (2009): Der rote Faden in der Sucht. Abhängigkeit überwinden und verstehen. Beltz, Weinheim

Kontaktmöglichkeit zum Autor:

helmutm.kuntz@t-online.de

Fort- und Weiterbildungen, Seminare oder Workshops auf Anfrage gerne auch in Ihrer Einrichtung, Stadt oder Region

WEITERE LESENSWERTE BÜCHER:

Chögyam Trungpa (2011): Spirituellen Materialismus durchschneiden. Theseus, Bielefeld

Dalai Lama/Paul Ekman (2009): Gefühl und Mitgefühl. Emotionale Achtsamkeit und der Weg zum seelischen Gleichgewicht. Spectrum Akademischer Verlag, Heidelberg

Jung, Carl Gustav (1971): Erinnerungen, Träume, Gedanken. Walter, Düsseldorf

Ricard, Mathieu (2009): Glück. Knaur, München

Sogyal Rinpoche (2004): Das tibetische Buch vom Leben und Sterben. Ein Schlüssel zum tieferen Verständnis von Leben und Tod. S. Fischer, Frankfurt a. M.

Thich Nhat Hanh (2003): Mit dem Herzen verstehen. Theseus, Berlin

Yogananda, Paramahansa (1950/2007): Autobiographie eines Yogi. Self-Realization Fellowship, Los Angeles

SYLVESTER WALCH

DIE GANZE FÜLLE DEINES LEBENS

EIN SPIRITUELLER BEGLEITER
ZU DEN KRÄFTEN DER SEELE

14×22 cm, 270 Seiten
ISBN 978-3-903072-31-2

WIE KÖNNEN WIR ZUFRIEDENHEIT UND GLÜCK im Leben erlangen? Heilung und Entwicklung nur auf den begrenzten Bereich der Person auszurichten, ist am Ende zu wenig, so Sylvester Walch, der seit Jahren für eine neue Verbindung von Psychotherapie und Spiritualität plädiert.

Anhand seiner jahrzehntelangen Arbeit mit veränderten Bewusstseinszuständen zeigt er, wie wir emotionale Blockaden lösen und Zugang zu innersten Ressourcen finden können. Eine Vielzahl spiritueller Impulse und Meditationsübungen geben Anleitung und Hilfe, den Weg eines bewussteren Lebens zu gehen. Erst so können wir das Leben in seiner ganzen Fülle erfahren – in Achtsamkeit, Verbundenheit, im Mitgefühl mit uns selbst und mit anderen Menschen.

INGRID RIEDEL

LEBENSPHASEN – LEBENSCHANCEN

VOM GELASSENEN UMGANG MIT DEM ÄLTERWERDEN

14 × 22 cm, 196 Seiten
ISBN 978-3-903072-02-2

WENDEPUNKTE, ABSCHNITTE, BESTIMMTE PHASEN, prägen unser Leben. Und jede Phase bringt Herausforderungen, aber auch Chancen mit sich, so die bekannte Psychotherapeutin Ingrid Riedel.

In diesem Interviewband, in dem sie uns an ihren reichen persönlichen Lebenserfahrungen teilhaben lässt, beschreibt sie die einzelnen Lebensphasen und die damit verbundenen inneren Gefühle – von der Kindheit und Jugend, den verschiedenen Abschnitten des Erwachsenseins bis hin zum frühen und späteren Alter. Was heißt es für Frauen wie auch für Männer, »phasengerecht« zu leben? Welche seelischen Kräfte stehen uns zur Verfügung, um Krisen und Übergänge gut zu meistern? Welche Chancen bietet uns die zweite Lebenshälfte, und wie können wir uns dem Thema des Lebensendes stellen?

Diesen und vielen anderen großen Lebensfragen geht die erfahrene Psychotherapeutin nach – voller Wärme, Souveränität und tiefer Lebensweisheit.